D1856308

Michael Bitala
Hundert Jahre Finsternis
Afrikanische Schlaglichter

Michael Bitala

Hundert Jahre Finsternis

Afrikanische Schlaglichter

Picus Reportagen

Picus Verlag Wien

Für Claudia

Copyright © 2005 Picus Verlag Ges.m.b.H., Wien
Alle Rechte vorbehalten
Grafische Gestaltung: Dorothea Löcker, Wien
Umschlagabbildung: © Claudia Thiel
Druck und Verarbeitung: Remaprint, Wien
ISBN 3-85452-902-3

Informationen über das aktuelle Programm
des Picus Verlags und Veranstaltungen unter
www.picus.at

Inhalt

Vorwort

Wer als Journalist die Wahl hat, in den Himmel oder in die Hölle zu fahren, der fährt meist in die Hölle. Das ist auch gut so. Denn dass die Massai in ihren feuerroten Trachten so wunderschön exotisch aussehen, ist hinlänglich bekannt, dass man in der Serengeti grandiose Elefantenherden sieht, ebenfalls, und dass es vermutlich nichts Überwältigenderes gibt, als durch die Dünen der Namib-Wüste zu wandern, davon schwärmen inzwischen auch Pauschaltouristen. Wer aber weiß schon, dass im Kongo, dem früheren Zaire, seit 1996 fast vier Millionen Menschen an den Folgen des Bürgerkriegs gestorben sind? Wer hat schon von Joseph Kony gehört, diesem Rebellenführer, der sich als die Wiedergeburt der Jungfrau Maria sieht und in seinem Irrsinn Zehntausende von Kindern entführt und sie zu Soldaten oder Sexsklaven macht? Oder wer war schon in Liberia, das im 19. Jahrhundert von befreiten US-Sklaven gegründet wurde und heute der Inbegriff eines komplett zerstörten und zerfallenen Staates ist?

Ich habe mir in den knapp sechs Jahren, seit ich in Afrika lebe, immer wieder bewusst solche Höllenfahrten ausgesucht. Nicht, weil ich das Klischee des Katastrophenkontinents bedienen wollte. Ich wollte bei solchen Reisen oft nur wissen, wie Menschen in solchen Horrorgegenden zu überleben versuchen – und dabei wurde ich nicht selten überrascht. Von Emmanuel Mampanga zum Beispiel, einem Behinderten im Kongo. Der Mann ist auf keine Hilfe angewiesen, sein Handicap hat ihn in diesem Bürgerkriegsland zu einem der Stärksten gemacht, zu einem, dem es besser geht als den meisten Nicht-Behinderten. Oder vom Schneidermeister David Nokrach in Norduganda, der es nicht nur seit Jahren zulässt, dass jede Nacht Dutzende fremder Kinder im Schutz seines Ladens schlafen – weil sie von Konys Miliz nicht entführt werden wollen –, sondern der auch jeden Morgen geduldig den Schmutz der nächtlichen Besucher wieder wegwischt. Oder vom Textilfabrikanten Ridja Lori, der in der Urwaldstadt Kisangani seinen Kampf gegen Rebellen, Soldaten und Betrüger nicht aufgibt und die einzige noch funktionierende Fabrik am Laufen hält.

Die Liste dieser Menschen könnte lange fortgesetzt werden, im vorliegenden Buch werden weitere solche Helden vorgestellt, zumeist in viel friedlicheren Gebieten, aber diese drei sollen für viele Afrikaner stehen. Ich habe bei meinen Reisen nämlich vor allem Menschen getroffen, für die ich tiefen Respekt empfinde – für ihren Erfindungsreichtum, ihre Fürsorge, ihre Geduld und ihre Zivilcourage. Sie sind es, die mir – nicht selten deprimiert vom Elend – immer wieder Kraft und Zuversicht gegeben haben. Und nicht selten brachten sie mich auch zum Lachen, zum Beispiel mit dem afrikanischen Sprichwort: Gras wächst nicht schneller, wenn man daran zieht. So kann ich nur hoffen, dass sie vielleicht manchmal auch über mich gelacht haben, über diesen Besucher, der so gerne am Gras zieht.

Leopold, Idi Amin und andere Verbrecher

Die neuen Herren Afrikas tyrannisieren die eigenen Völker genauso brutal wie früher die Kolonialmächte

Seit Stunden geht es hier in Ruanda mit dem Geländewagen bergauf, seit Stunden terrorisieren uns diese kleinen Monster. Es sind Dutzende. Sie schreien, stürmen aus dem Gebüsch und klammern sich an den Wagen. Sie hängen am Kühlergrill, an den Fenstern, an den Türen, am Dachgepäckträger. Sie sind vielleicht vier, fünf Jahre alt, sie haben gerade mal die Kraft, nicht vom Auto zu fallen, aber irgendwann sieht man nicht mehr ihre riesigen braunen Augen oder ihre vom Hunger ausgesaugten Gesichter. Irgendwann sieht man nur noch die bösen Grimassen, die verrotzten Nasen und die kleinen, dreckigen Hände, die gegen das Blech trommeln oder den Fahrer an den Haaren ziehen. Irgendwann hört man nur noch das Betteln und den Husten, der schlimmer rasselt als die Motoren alter kongolesischer Taxis. Irgendwann verzweifelt man an dem elenden und vermutlich sehr kurzen Leben der Kinder, die hier im Dschungel unter Bananenblättern und Plastikplanen leben.

Der Name des Flüchtlingslagers ist längst vergessen. Ebenso der Grund, warum die Kinder dorthin geflohen sind. Waren sie Hutu? Waren sie Tutsi? Waren sie aus dem Kongo oder aus Burundi? Es ist egal, weil es dem Rest der Welt auch egal ist. Weil es in Afrika Hunderte solcher Lager gibt und sie nicht die schlimmsten Beispiele für das Elend südlich der Sahara sind.

Da gibt es besoffene Jugendliche, die Kalaschnikows und gefälschte Ray-Ban-Sonnenbrillen besitzen und die Menschen im Kongo oder in Norduganda, Liberia oder der Elfenbeinküste ausrauben, vertreiben und zu Tode quälen, weil sie schon mit fünf oder sechs Jahren lernen mussten, wie man den eigenen Vater oder die eigene Mutter erschießt. Da gibt es Tausende von Elf- oder Zwölfjährigen, die ihre jüngeren Geschwister versorgen müssen, weil Aids, Malaria, Tbc oder Cholera die Eltern dahingerafft haben. Und da gibt es die vielen Millionen von Kindern, die als Erwachsene hundertvierzehn und zweiunddreißig nicht richtig zusammenzählen werden, weil ihre Familien heute kein Geld für die fast überall geforderten Schulgebühren haben. Ganz zu schweigen davon, dass die Mehrheit aller Afrikaner weniger als einen Euro am Tag zum Leben hat. Dass die Mehrheit aller Afrikaner in Slums oder abgelegenen Hütten ohne Strom, Wasser, Toiletten und Ärzte lebt. Und dass die Mehrheit aller Afrikaner nichts zu bestimmen hat, wenn es um ihre eigene Zukunft geht.

Der Zustand Afrikas am Anfang des 21. Jahrhunderts ist ein einziger Verstoß gegen die Menschenwürde. Das gilt für die überwiegende Mehrheit aller Länder. Den meisten Afrikanern geht es heute schlechter als vor vierzig Jahren, schlechter als zu Beginn der Unabhängigkeit. Und das ist der eigentliche Skandal – so, als ob die Kolonialzeit ein Segen gewesen wäre. Damals wurden Millionen von Menschen ermordet oder ausgebeutet, gedemütigt und verprügelt. Dann kam endlich die Freiheit – und brachte noch größeres Elend. Der nigerianische Gelehrte Linus Tomas-Ogboji schreibt in der Wochenzeitung *African News Weekly* stellvertretend für viele Länder: »Nigeria wird als das größte Land in die Geschichte eingehen, das direkt von der kolonialen Unterjochung in den kompletten Kollaps überging, ohne auch nur eine einzige Phase gehabt zu haben, in der es sich erfolgreich selbst regiert hat. So viele Versprechen, so viel Müll, solch eine Enttäuschung, solch eine Schande. Es macht dich krank.«

Diesem Befund lassen sich ein paar Zahlen hinzufügen: Afrika besitzt mehr als die Hälfte des Goldes weltweit, neunzig Prozent des Kobalts, fünfzig Prozent der Phosphate, vierzig Prozent des Platins, siebzig Prozent des Kakaos, sechzig Prozent des Kaffees. Hinzu kommen die vielen Diamanten, die Millionen von Hektar Farmland und das gewaltige Potenzial für Touristen – und zwar nicht nur in Südafrika, Kenia oder Tansania, sondern auch in Ruanda, Kongo, Äthiopien, Eritrea, Mosambik, Elfenbeinküste oder Madagaskar. Diese Länder bieten eine atemraubende Natur – Landschaften, die Europa im Vergleich wie eine Ödnis erscheinen lassen.

Doch Afrika ist heute in vielen Gegenden wieder so unzugänglich wie vor mehr als hundert Jahren. Riesige Landstriche, die zusammengenommen mehr als die doppelte Fläche Europas einnehmen, können nicht mehr bereist werden. Jeder, der die großen Städte verlässt und durch das Hinterland im Kongo fährt oder durch Somalia, Norduganda, Liberia, Burundi, Sudan, Angola oder die Zentralafrikanische Republik, riskiert sein Leben. Nicht einmal die Einheimischen wissen, was fünfzig Kilometer von ihrem Dorf entfernt geschieht. Weil es fast keine Straßen, Autos oder Boote gibt – und weil sich vor lauter Soldaten, Rebellen oder Landminen niemand vor die Hütte oder aus dem Flüchtlingslager traut.

Warum ist das so? Wer ist schuld am Zustand Afrikas? »Schuld sind die afrikanischen Führer«, sagt der ghanaische Wirtschafts- und Geschichtsprofessor George Ayittey. Er gehört zu einer neuen Generation afrikanischer Intellektueller, die im Gegensatz zu vielen anderen Wissenschaftlern nicht mehr nur die Sklaverei und die Kolonialherrschaft für das Elend des Kontinents verantwortlich macht. Ayittey schreibt in seiner Studie »Africa in Chaos«: »Die afrikanischen Führer sind inzwischen so weit von den Menschen entfernt, dass sie diese als Fremde betrachten. Sie sind so exzessiv von ihrer Selbstsucht getrieben, dass sie die Interessen der Menschen längst vergessen haben. Sie sind nur noch schwer von den ehemaligen Kolonialherren zu unterscheiden.«

Sieht man sich die Geschichte Afrikas von der Kolonialisierung bis heute an, dann erkennt man, dass es sich um eine einzige Tragödie für die afrikanische Bevölkerung handelt, dass sie auch durch die Unabhängigkeit nicht befreit wurde. Im Gegenteil: Die Menschen wurden von ihren eigenen Staatschefs ein zweites Mal unterworfen, gedemütigt und ausgebeutet – und zwar mit Hilfe des Westens und des Ostens –, so massiv, dass viele Länder heute kollabiert sind oder kurz vor dem Kollaps stehen.

Henry Morton Stanley hat in der zweiten Hälfte des 19. Jahrhunderts den Kongo erforscht. In seinem Tagebuch schreibt der Abenteurer und Sensationsreporter: »In jedem freundlich blickenden Eingeborenen lese ich das Versprechen, dass er mir helfen will, ihn aus dem Zustande der Unproduktivität, in welchem er jetzt lebt, zu befreien. Ich betrachte ihn etwa mit demselben Interesse wie ein Landmann seinen kräftig gebauten Sohn.«

Das war im Vergleich zur Einschätzung anderer Europäer recht freundlich. Oft sahen diese in den Afrikanern minderwertige Wesen, irgendetwas zwischen Tier und Mensch, das nackt im Urwald lebt und brutal ist. Der belgische König Leopold II. hat nicht zuletzt deshalb den Kongo als Privatbesitz bekommen, weil er die anderen europäischen Mächte und die USA überzeugen konnte, dass es ihm um die »Zivilisierung« der Kongolesen gehe. Dass es damals hoch entwickelte Kulturen gab, dass es zum Beispiel bei den Zulu, in einzelnen Königreichen des Kongos und auch in Westafrika differenzierte Formen von Demokratie, Gewaltenteilung und Herrschaftskontrolle gab, wurde von fast niemandem wahr- oder ernst genommen. Welche Tragik liegt denn auch in den Worten Wobogos, des Königs von Mossi im Gebiet des heutigen Burkina Faso, mit denen er den Chef der französischen Armee zum Verlassen seines Reichs aufforderte: »Ich weiß, dass Sie behaupten, mir bei der Organisation meines Landes helfen zu wollen. Aber ich finde mein Land gut, so wie es ist. Ich brauche Sie nicht. Also, betrachten Sie sich als glücklich, dass ich nicht befehle, Ihnen den Kopf abzuhacken. Verschwinden Sie jetzt, und vor allem: Kommen Sie nie mehr zurück.«

Was mit dem König geschah, ist nicht bekannt. Fest steht aber, dass solche Drohungen nutzlos waren. Für die Europäer war Afrika eine Schatzinsel, die unzivilisierten Wesen gehörte. Wer an deren unvorstellbaren Reichtum kommen, wer deren Gold, Tropenhölzer, Erze und Kautschuk haben wollte, musste sie unterwerfen. So wurde der Kontinent 1884/85 mit Bleistift und Lineal aufgeteilt – ohne dass ein einziger Afrikaner mit am Tisch gesessen hätte.

In ihrer schlimmsten Form geschah die Kolonialisierung im Kongo. Die weißen Schergen Leopolds II. prügelten die Menschen mit der Nilpferdpeitsche oder hackten ihnen die Hände ab, wenn sie nicht genügend Kautschuk oder Elfenbein aus dem Urwald brachten. Es gibt Bilder, die mannshohe Körbe voller Gliedmaßen zeigen. Es wird geschätzt, dass die Einwohnerzahl des Kongos zwischen 1885 und 1908 um mehr als zehn Millionen Menschen dezimiert wurde.

Als dieses Verbrechen in Europa bekannt wurde, entstand die erste Menschenrechtsbewegung weltweit. Sie hatte zur Folge, dass der König, der Afrika nie bereist hat, seine Kolonie an den belgischen Staat verkaufen musste. Aber auch danach wurde das Leben für die Kongolesen nicht viel besser. Die Ausbeutung und Unterdrückung ging weiter, und zwar ebenso in den englischen, portugiesischen, deutschen oder französischen Gebieten.

Trotz des Terrors und der Morde lehnten sich die Afrikaner im Lauf der Zeit immer stärker gegen die Besatzer auf. Natürlich wurden Freiheitskämpfer wie die Mau Mau in Kenia grausam von den Briten verfolgt. Es wurden ganze Dörfer niedergebrannt, um auch die Sympathisanten zu bestrafen. Aber im Grunde wurden diese Buschkämpfer lange Zeit nicht als wirkliche Bedrohung wahrgenommen. Sie waren, wenn überhaupt, aufmüpfige Halbstarke, denen man mit einer Tracht Prügel beibringen musste, wer der Herr im Haus war.

Im Kongo ging es sogar so weit, dass die Belgier noch 1959 glaubten, das Land erst in ungefähr dreißig Jahren in die Unabhängigkeit entlassen zu können, weil die Kongolesen nicht zur Selbstverwaltung fähig seien. Da aber auch die Briten und Franzosen zu diesem Zeitpunkt viele Kolonien aufgeben mussten, weil sie den Freiheitsdrang der Menschen nicht mehr zügeln konnten, wuchs der Druck auf die Belgier. Schon ein Jahr später zogen sie überstürzt ab.

Als das Land 1960 unabhängig wurde, gab es gerade mal dreißig Kongolesen mit Hochschulabschluss. Es gab keine afrikanischen Offiziere, Ingenieure oder Ärzte. Von den damals etwa fünftausend leitenden Angestellten im öffentlichen Dienst kamen drei aus dem Kongo. So viel zum Versprechen Leopolds II., die Afrikaner zu zivilisieren. In anderen Ländern sah es nicht besser aus: In Tansania gab es sechzehn Hochschulabsolventen, in Guinea-Bissau hatten vierzehn Einheimische einen Abschluss, siebenundneunzig Prozent der Bevölkerung waren Analphabeten. Als die Portugiesen 1974 abzogen, zerstörten sie zuvor das Nationalarchiv.

Zwar wurden die meisten Länder schon Anfang der Sechziger in die politische Unabhängigkeit entlassen, die Kolonialmächte sicherten sich aber zuvor noch langfristig die wirtschaftliche

Macht. In der Zentralafrikanischen Republik dominierten nach dem Abzug der Franzosen fünf große Firmen und hundertzwanzig kleinere Unternehmen in französischer Hand die Landwirtschaft, den Handel, den Transport und den Minensektor. Im Kongo wurde der erste und bislang einzige demokratisch gewählte Ministerpräsident, Patrice Lumumba, auf Betreiben Belgiens, Großbritanniens und der USA von belgischen Söldnern erschossen und im Urwald in Säure aufgelöst. Ihm wurde unterstellt, dass er sämtliche Betriebe, in die diese Länder investiert hatten, verstaatlichen wollte. Lumumba galt als Kommunist, und das war zu Zeiten des Kalten Krieges ein Todesurteil.

Da fast alle Afrikaner von der wirtschaftlichen Macht ausgeschlossen blieben, weil sie nur in der Politik, im Militär oder in der Verwaltung Karriere machen konnten, und da die meisten keine vernünftige Ausbildung hatten, versanken viele Länder schon bald im Chaos. Es war die Zeit, als Soldaten wie Mobutu im Kongo oder Bokassa in der Zentralafrikanischen Republik mithilfe der USA und der ehemaligen Kolonialmächte die Macht an sich reißen konnten: weil sie Verbündete gegen die Sowjetunion waren und weil sie versprachen, mit der Korruption, der Ineffizienz und dem Missmanagement aufzuräumen und die wirtschaftlichen Interessen ihrer Schutzherren zu wahren.

Schon bald aber zeigte sich, dass sie noch korrupter, inkompetenter und brutaler waren als die ersten afrikanischen Herrscher nach der Unabhängigkeit, die sie gestürzt hatten. Die Machtübernahme – das gilt besonders für Siad Barre in

Somalia, Mengistu Haile Mariam in Äthiopien, Idi Amin in Uganda oder Samuel Doe in Liberia – lief immer nach dem gleichen Muster ab: Die neuen Herrscher rissen alle Macht an sich: das Militär, die Verwaltung, die Polizei, die Justiz, den Zoll und das Bankwesen, und verwandelten die Staaten in ihr Privateigentum – so wie es schon Leopold II. mit dem Kongo getan hatte. Alle anderen, die nicht zum engen Machtzirkel gehörten, wurden ausgeschlossen.

Wer sich dagegen auflehnte, wurde verfolgt, eingesperrt und umgebracht. Die afrikanischen Herrscher, die unter den Kolonialmächten gelitten hatten, übernahmen deren Machtsystem und pervertierten es. Sie bauten fast keine Schulen, keine Universitäten, keine Krankenhäuser, keine Straßen und keine wirtschaftlichen oder technischen Infrastrukturen. 1960 gab es zum Beispiel im Kongo fünfzigtausend Kilometer Straße, heute sind es noch fünftausendsechshundert Kilometer. Damals konnten Länder wie Sierra Leone, Kongo, Tansania oder Sambia Lebensmittel exportieren, heute sind sie auf Lebensmittelhilfe angewiesen. Wenn überhaupt etwas in diese Staaten investiert wurde, dann fast ausschließlich mit Geld aus dem Westen oder Osten.

Die Despoten konnten machen, was sie wollten. Sie konnten wie Mobutu Gegner in Fußballstadien erschießen lassen oder wie Bokassa Kinder ermorden. Wurde einer dieser Diktatoren gestürzt, verwandelte sich der Nachfolger in kurzer Zeit zum gleichen Tyrannen. Den Schutzmächten war das egal, solange ihre wirtschaftlichen Interessen gewahrt blieben. Dafür gab es großzügige Kredite aus Amerika, Europa oder der

Sowjetunion, und jeder wusste, dass dieses Geld unterschlagen wurde.

Da ist es kein Wunder, dass Giscard d'Estaings Vertrauter Bokassa so besoffen von seiner Macht war, dass er sich 1977 zum Kaiser krönen ließ. George Bushs Freund Mobutu hingegen wollte kein Kaiser sein. Er war Gott. Im Fernsehen ließ er sein Konterfei jeden Abend als göttliches Antlitz auf einer Wolke einschweben. In Ländern wie Guinea, Simbabwe, Kenia, Kamerun, Tschad, Äquatorial-Guinea, Gabun oder Togo muss auch heute noch in jedem Kiosk, jedem Lokal und jedem Geschäft das Porträt des jeweiligen Staatschefs ausgestellt werden.

Anfang der Neunziger wurde selbst dem Rest der Welt allmählich klar, dass irgendetwas grundlegend schief gelaufen war mit Afrika. In nur vier von vierundfünfzig Staaten gab es demokratisch gewählte Regierungen. In Somalia gab es nicht einmal mehr einen Staat, es gab keine Polizei, keine Verwaltung und kein Militär mehr. Hier bekriegten sich Diebe, Banditen und so genannte »Warlords«, weil Siad Barre das Land derart heruntergewirtschaftet und ausgeplündert hatte, dass es nach seinem Sturz einfach zusammenbrach.

Der Ausbruch vieler Bürgerkriege zu Beginn und Mitte der neunziger Jahre hatte zwei Gründe. Zum einen zogen sich mit dem Ende des Kalten Krieges die Schutzherren der Despoten zurück, weil Afrika keinen strategischen Wert mehr hatte. Zum anderen waren die Länder nach drei Jahrzehnten Diktatur so am Ende, dass sie wie Sierra Leone, Liberia, Somalia oder Kongo einfach zusammenbrachen. Als Mobutu 1997 gestürzt wurde, war die katholische Kirche die einzige landesweite Institution, die im Kongo noch funktionierte.

Doch auch mit dem Ende der Despoten änderte sich die Lage der meisten Menschen nicht. Im Gegenteil, sie stürzten oft noch tiefer ins Elend. Die neunziger Jahre werden in die afrikanische Geschichte als der Beginn der Herrschaft von marodierenden Verbrecherbanden eingehen. Diese nennen sich »Rebellen« und ermorden – wie in Sierra Leone, Liberia oder im Kongo – die Zivilbevölkerung, weil sie an die Diamanten-, Kupfer- oder Goldminen kommen wollen oder an die Edelhölzer und Mineralien. Und da im Rest der Welt freie Marktwirtschaft herrscht, können sie ihre Beute ungehindert verkaufen – auch wenn diese Gier im Kongo zum Beispiel dazu geführt hat, dass seit 1998 knapp vier Millionen Menschen an den Folgen des Bürgerkriegs gestorben sind. Vier Millionen, das übersteigt die Einwohnerzahl Berlins.

Jedes afrikanische Land, das nach der Unabhängigkeit ins Chaos gestürzt wurde, hatte nur ein Problem: Herrschercliquen, die ihre Macht nicht teilen wollten und die Bevölkerung oder zumindest große Teile der Bevölkerung von jeder Mitbestimmung und von jeder Teilnahme am Reichtum ihres Landes ausgeschlossen haben. Das Musterbeispiel dafür ist die Elfenbeinküste, wo der rassistische Präsident Laurent Gbagbo das einst modernste Land Westafrikas in den Krieg gestürzt hat. Das gilt aber auch für den Völkermord in Ruanda, wo seit Jahrzehnten abwechselnd die Hutu oder die Tutsi geherrscht und sich gegenseitig ausgegrenzt und unterdrückt haben.

Das gilt selbst für ein angeblich so stabiles Land wie Kenia, das zwar noch nie einen Bürgerkrieg erlebt hat, aber mehr als zwanzig Jahre lang von Präsident Daniel arap Mois früherer Regierung so heruntergewirtschaftet wurde, dass es heute die schwerste Krise seit der Unabhängigkeit erlebt. Das gilt auch für Simbabwe, wo der greise Präsident Robert Mugabe nicht nur den Weißen, sondern fast allen Simbabwern den Krieg erklärt hat, weil sie ihn nach mehr als zwanzig Jahren endlich loswerden wollen. Und das gilt selbstverständlich auch für Sudan, wo das arabisch dominierte Militärregime in der Hauptstadt Khartum seit Jahrzehnten Vernichtungsfeldzüge gegen die afrikanischen Völker im Land führt, weil der permanente Kriegszustand die eigene Macht am besten sichert.

Heute weiß niemand, wie es mit Afrika weitergehen soll. In mehr als einem Dutzend Ländern herrscht offener oder – wie in Nigeria oder Tschad – latenter Bürgerkrieg, in mehr als zwei Dutzend Ländern steht der Staat davor zu zerfallen oder ist schon zerfallen. Zwar versprechen die USA, Europa, die Weltbank und der Internationale Währungsfonds gerade jetzt immer wieder, sich verstärkt für den Kontinent einzusetzen. Sieht man sich aber an, was wirklich getan wird, dann ist dies geradezu grotesk. Sie konzentrieren ihre Unterstützung auf die wenigen Staaten, die zumindest etwas Hoffnung versprechen, Ghana, Mosambik, Botswana, Namibia oder Südafrika. Weite Regionen aber, die wirklich massive Hilfe brauchten, werden alleine gelassen. Im Kongo interveniert niemand, um den anhaltenden Massenmord zu stoppen. Im Sudan werden ebenfalls

Millionen Flüchtlinge dem drohenden Hungertod ausgeliefert, weil man sich mit dem Sicherheitsratsmitglied China nicht anlegen will, dessen Gier nach sudanesischem Öl jede UN-Intervention verhindert. Und in Liberia wurde zwar endlich der Despot Charles Taylor gestürzt – für den Aufbau des komplett zerstörten Landes aber scheint sich niemand zu interessieren. Oft heißt es dazu aus Geberländern, man habe keine Möglichkeit einzugreifen, die Perspektiven seien zu hoffnungslos oder auch: Zu enttäuschend seien die Erfahrungen. Als ob es jemals ein Erfolgsmodell gewesen wäre, korrupte Diktatoren zu stützen und mit Geld voll zu pumpen.

Von westlichen Gebern wird geschätzt, dass auf die Konten ehemaliger oder derzeitiger Machthaber so viel Geld transferiert wurde, dass damit leicht alle Auslandsschulden Afrikas bezahlt werden könnten. Warum aber sollten die betrogenen Afrikaner für die Last ihrer verantwortungslosen Regierungen aufkommen? Warum sollten für die Kreditgeber andere Regeln gelten als für Investoren in der freien Wirtschaft? Wer, ohne zu überlegen, in völlig marode Betriebe investiert, kann sehr leicht Geld verlieren. Wer es zurückhaben will, sollte es bei denen holen, die es geklaut haben.

Doch auch ohne die Last der Schulden sähe die Zukunft der Afrikaner erbärmlich aus. Wie soll sich ein Kontinent aus seinem Elend retten, auf dem fast die Hälfte der Erwachsenen nicht lesen oder schreiben kann und ein Großteil der Kinder keine Schulen besucht? Diejenigen, die das Glück haben, ausgebildet zu werden, müssen sich nicht selten ein Buch für eine ganze Schule teilen.

An den Universitäten in Kinshasa oder Kisangani gibt es nicht einmal Stühle.

Und was den Schülern in Ländern wie Kenia beigebracht wird, ist ein ebenso großer Skandal. Hier dürfen Kinder fast nur auswendig lernen, eigene Gedanken sind nicht erlaubt. Wer dagegen verstößt, wird von den schlecht ausgebildeten, unsicheren Lehrern mit Zustimmung der Eltern verprügelt – es könnte sonst passieren, dass ein selbständig denkender Nachwuchs erkennt, wie er von den Herrschenden betrogen wird. Der ghanaische Wirtschaftsprofessor George Ayittey bezeichnet die Ausbildungssysteme der meisten afrikanischen Länder als »intellektuelle Barbarei«.

Natürlich gibt es auch Hoffnungsschimmer – das immer stabiler werdende Ghana zum Beispiel, der weitgehend friedliche Übergang Südafrikas von der Apartheid in die Demokratie, der Wirtschaftsaufschwung in Mosambik, die Befriedung Sierra Leones oder gemeinhin Musterländer wie Botswana oder Mauritius – im Gesamtbild des Kontinents aber sind sie beklemmend winzig. Schon heute sind fast fünfzig Prozent aller Afrikaner jünger als vierzehn Jahre. Und dieses Durchschnittsalter wird sich nicht nur durch die Kriege weiter radikal senken, sondern auch durch die schlechte Gesundheitsversorgung und Krankheiten wie Aids und Malaria, deren Todesraten sich kein Mensch mehr vorstellen kann. Dann wird Afrika der Kontinent der Kinder sein. Und dann wird wohl wieder die Welt eingreifen, um diese unzivilisierten Wesen zu erziehen.

SZ am Wochenende, 06.10.2001

Ewige Ruhe in der rosaroten Gebärmutter

In Ghana schreinern Familienbetriebe für jeden Toten den passenden Sarg

Der Mann ist nicht tot, er schläft nur. Ernest Kwei liegt auf einem schwarzen Holzsarg und schnarcht. Ein leichter Stupser bringt den kleinen, korpulenten Mann zum Grunzen, dann, nach einem kurzen Moment, schlägt er die Augen auf und flucht. Schon wieder so ein Tourist in seiner Werkstatt, schon wieder einer, der nicht glauben mag, was er sieht. Und schon wieder einer, der ihn in seiner Mittagspause stört.

Ernest Kwei könnte seine ewige Ruhe haben, wären seine Werke nicht derart auffällig platziert. So aber fährt man in Ghanas Hauptstadt Accra durch den Vorort Teshie, vorbei am Strand, an Palmen, Hotels und vielen kleinen Läden voller Zigaretten und Süßigkeiten. Und auf einmal sieht man auf dem Dach eines Colashops ein Maschinengewehr. Zwei Meter lang, schwarzbraun gestrichen und aus Holz. Was ist das? »Ein Sarg«, sagt der Taxifahrer, »wahrscheinlich für einen Rebellenführer. Sie können auch eine Milchtüte haben, wenn Ihnen das lieber ist.«

Nun, wer möchte schon in einer Milchtüte begraben werden? Oder in einer Krabbe, einer Bierflasche, einem Lastwagen oder einem Huhn? In Kweis Laden gibt es auch Autos, Maiskolben, Löwen, Kühe und Schiffe. Und je länger man zwischen diesen popfarbenen Holzkästen herumläuft, desto einfältiger kommen einem die gläsernen oder weißen Särge vor, von denen man als Kind in Märchen gehört hat. Trotzdem: Wer kauft denn solche bunten Spielzeugkisten?

Ist Kwei erst einmal aufgewacht, führt er den Besucher gerne durch seinen Laden – »es kommen ja dauernd Touristen vorbei, Kunden wären mir lieber« – und lacht die meiste Zeit. Ja, auf dem einfachen schwarzen Holzsarg schlafe er gerne: »Das ist der einzige mit einer glatten Oberfläche.« Vierunddreißig Jahre ist der Mann alt und erfunden hat er diese Särge nicht. »Wir führen nur die Idee meines Großonkels fort.« Vier solcher Sargläden gibt es inzwischen in Teshie, und alle Besitzer sind Verwandte von Seth Kane Kwei, dem berühmtesten Sargmacher Ghanas. Vor rund fünfzig Jahren starb dessen Großmutter, und da sie sich ihren größten Wunsch nicht erfüllen konnte, einmal in einem Flugzeug zu fliegen, hat Großonkel Kwei, der eigentlich Tischler war, ihr einen Holzjumbo als Sarg gebaut.

»Das hat den Menschen damals gefallen«, sagt Ernest Kwei, »und danach kamen immer mehr und wollten etwas Spezielles.« In seiner Werkstatt, in der es dunkel, kühl und stickig ist, hobeln drei Angestellte gerade an einem mannsgroßen Turnschuh herum. »Es gibt für uns nichts Wichtigeres als eine schöne, würdevolle Beerdigung.« Und mit diesen Designersärgen, die das Besondere eines Lebens symbolisieren sollen, werde den Verstorbenen die richtige Ehre erwiesen. Der Turnschuh ist für einen Kaufmann aus Accra, drei Tage dauert die Herstellung. »Der spielte sein ganzes Leben lang Fußball und lief die meiste Zeit am Strand entlang.« Eine Frauenärztin hat sich vor einiger Zeit eine hölzerne rosa Gebärmutter bauen lassen. Da musste Kweis Schwager Paa Joe erst einmal zum Doktor, um sich davon ein Bild zeigen zu lassen, »der wusste ja auch nicht, wie so etwas aussieht«. Ein verunglückter Fernfahrer bekam von seinem Cousin einen Lastwagen. Und eine Mutter von acht Kindern eine Henne mit kleinen Holzküken. Turnschuhe, Sportwagen und Hühner seien die Sargmodelle, die am häufigsten gekauft werden. »Aber Sie können wirklich haben, was Sie wollen, wir machen alles, es kommt nur auf den Preis an«, sagt Kwei. Die meisten Modelle habe er inzwischen auf Vorrat, »sonst dauert es zu lange bis zur Beerdigung«.

Natürlich sind diese Särge teuer, mehr als ein oder zwei verkauft Kwei pro Monat nicht. Und alle Kunden, die meisten aus Westafrika, aber auch aus Europa oder den USA, seien reich. Eine Bierflasche – »die können wir inzwischen blind bauen« – kostet fünfhundert Euro, ein kleiner Palast tausend Euro. Und das ist weit mehr als das durchschnittliche Jahresgehalt eines Ghanaers. Aber auch ohne diese Spezialsärge kostet die Beerdigung eines Familienangehörigen enorm viel. Manchmal dauert es nach dem Tod nur drei Tage, bis jemand bestattet wird. Meist zieht sich die Zeremonie aber über Wochen hin. Es komme, so Kwei, auf die soziale Stellung des Verstorbenen an, ob sich seine Hinterbliebenen schnell über das Erbe und die Beerdigungskosten einig würden und darauf – was besonders wichtig sei –, wie schnell die Verwandten zur Trauerfeier kommen könnten. In dieser Zeit werde gefeiert, getanzt, der Tod lautstark beklagt, und zu den Verstorbenen bete man um Hilfe. Für das Essen, für das Trinken, für die Unterkunft, für alles müsse die Familie aufkommen.

»Das kann einem ganz schön auf die Nerven gehen, wenn im Viertel einer gestorben ist«, sagt Kwei, aber auch wenn er nächtelang wegen des Krachs nicht schlafen könne, beschweren würde er sich nie: »Das verstößt gegen den Respekt vor dem Toten.« Am Tag der Beerdigung werde der Leichnam in den Sarg gelegt, meist habe er einen edlen Anzug an, in dessen Taschen etwas Geld steckt, »für die Fahrt über den Fluss«, und dann gehe der Trauerzug mit einer Kapelle und einem Chor durch die Straßen zum Friedhof. Nach der Beerdigung werde weiter geklagt, getrauert, getrunken, gegessen und getanzt. Spätestens hier drängt sich der Eindruck auf, dass es in Ghana Schlimmeres gibt als zu sterben.

Kein Mensch traut sich, gegen die alten Rituale und Zeremonien vorzugehen. Selbst wenn die Regierung in Ghana immer wieder über ein Gesetz nachgedacht hat, um die Kosten für Beerdigungen drastisch zu reduzieren, um die Familien der Verstorbenen zu entlasten, durchgesetzt wurde es bis heute nicht. Auch würden es Arbeitgeber gerne sehen, wenn sie ihren Angestellten nicht so lange frei geben müssten, weil jemand gestorben ist. Aber bisher half alles nichts.

Will man von dem Sargmacher wissen, warum Beerdigungen in Ghana eine so große Bedeutung haben und warum sich Familien in Schulden stürzen, um den Leichnam würdig unter die Erde zu bringen, seufzt er erst einmal, dann sagt er: »Suchen wir uns ein ruhiges Plätzchen, das dauert länger.« Er setzt sich auf den schwarzen Sarg, dann fängt er an: Es gebe viele verschiedene Zeremonien, viele Rituale, »es kommt ganz darauf an, zu welchem Volk der Verstorbene gehört«. Gleich sei jedoch der Glaube aller Westafrikaner, dass der Tod nicht das Ende bedeute, sondern nur einen Übergang in ein anderes Dasein.

»Die Toten gehen nicht fort«, sagt er, »die Toten können das Leben der Hinterbliebenen oft stärker beeinflussen als die Lebenden.« Sie könnten einem auch Zeichen geben, »wenn ihnen nicht gefällt, was wir hier machen«. Und wie machen sie das? »Nun, das merken Sie schon. Wenn Sie etwas vorhaben und das nicht klappt, wenn Sie Pech im Leben haben.« Und als er dann auch noch von Völkern erzählt, die an Totengeister in Bäumen glauben, von Ahnen, die als Krokodile, Löwen oder Schlangen wiedergeboren werden, oder von Toten, die in die Körper der Lebenden fahren, um ihren Willen zu verkünden, ist sein Lachen längst verschwunden und seine Stimme leiser geworden – so, als ob er gerade ein großes Geheimnis preisgeben würde: »Egal, welches Volk woran glaubt, fest steht: Die Toten sind überall.«

Es gibt ein Gedicht des westafrikanischen Schriftstellers Birago Diop, das in wenigen Zeilen erzählt, was Kwei in vielen Sätzen sagt:

»Jene, die tot sind, gehen niemals fort.
Sie sind in der Brust der Frau.
Sie sind in dem Kind, das klagt.
Sie sind im Feuer, das da lodert.
Die Toten sind unter der Erde.
Sie sind im absterbenden Feuer.
Sie sind im Geheule um die Felsen.

Sie sind im Wald.
Sie sind im Haus.
Sie sind nicht tot, die Toten.«

In Kweis Werkstatt laufen Hühner und Kinder auf dem dunklen Lehmboden herum, Frauen waschen Kleider in großen Bottichen und irgendwann sagt der Sargmacher, er müsse mal nachsehen, wie weit der Turnschuh ist. Ja, seine Werke seien das Zeichen größten Respekts für den Verstorbenen, sagt er noch. »Der liegt in dem, was ihn ausgemacht hat, das ist vielleicht mehr, als er im Leben hatte.« Und in welchem Sarg möchte er selbst mal begraben werden? Da lacht der Mann: »Ach, diese Frage habe ich schon oft gehört. Ich bin Sargmacher. In einem einfachen schwarzen natürlich. Der ist bequem, das weiß ich schon lange.«

SZ am Wochenende, 25.03.2000

Afrikas verlorene Kinder

Das Terrorregime des Rebellenführers Joseph Kony im Norden Ugandas

Es ist schon kurz vor 18 Uhr, doch Gulu sieht noch immer aus wie ein gewöhnliches afrikanisches Provinznest. Im Zentrum der nordugandischen Stadt, dort, wo drei staubige Querstraßen eine Hauptstraße unterteilen, gibt es Supermärkte, Restaurants, Bars, Elektroläden, Internetcafés, jede Menge Menschen, einige Autos, viele Fahrräder und auch diese Schneiderei. Sie gehört David Dixon Nokrach und da das Geschäft schlecht läuft, hat er Zeit, sich auf seine »Veranda« zu setzen – so nennt er den Betonboden vor der Eingangstür. »Haben Sie nur Geduld«, sagt der Fünfzigjährige, »so etwas haben Sie bestimmt noch nie gesehen. Nach Sonnenuntergang werden Sie glauben, eine Heuschreckenarmee habe Gulu überfallen.« Und dann erzählt er von den Kindern, die seit Monaten jede Nacht auf seiner Veranda schlafen, Dutzende würden sich auf den wenigen Metern drängen, und jeden Morgen, nach Sonnenaufgang, wenn die nächtlichen Besucher verschwunden seien, müsse er den Platz wieder sauber machen. »Glauben Sie mir«, sagt der hagere, groß gewachsene Mann mit den vielen Lachfalten, »Heuschrecken wären mir lieber, die würden mir nicht vor meinen Laden pinkeln oder ihre Häufchen hinterlassen.« Es sei schon eine ziemliche Schweinerei, aber er könne die

Kinder nicht einfach vertreiben. »Dann werden sie vielleicht noch zu Mördern, Vergewaltigern und Dieben. Da putz' ich lieber.«

Kaum hat der Schneidermeister das gesagt, kaum geht die Sonne unter, beginnt das, was als Einfall von Heuschrecken nur unzureichend beschrieben werden kann. Gulu wird förmlich überschwemmt. Als ob unsichtbare Schleusen geöffnet würden, strömen zunächst nur kleine Gruppen von Kindern in die Stadt, doch schnell werden es mehr. In gewaltigen Schüben kommen sie aus allen Richtungen, es müssen mehr als zehntausend sein. Die Jungen und Mädchen sind barfuß, verrotzt, in zerrissenen, verschmutzten Kleidern, die Wenigsten haben Decken dabei, die Jüngsten sind wohl gerade mal drei Jahre alt. Es ist ein riesiger Strom von Zwergen, der nahezu jede Ecke erfasst. Die Kinder legen sich auf die Veranda des Schneiders, in den Busbahnhof, in die Straßengräben, vor das Internetcafé, ins Krankenhaus, in die katholische Mission, in die schäbigen Zelte einer Hilfsorganisation, vor die Kneipen, Supermärkte und Restaurants. Sie liegen Körper an Körper, Bündel an Bündel, starren mit riesigen Augen in den Nachthimmel, keuchen, husten, spucken, kichern, streiten oder flüstern.

Die Bewohner von Gulu nennen die nächtlichen Besucher »Pendler-Kinder« oder auch »Schlafwandler«, weil sie immer nur zum Schlafen kommen. Am Morgen, nach Sonnenaufgang, gehen sie ein, zwei Stunden lang zurück in ihre Dörfer, in die Schule oder aufs Feld, dann gibt's für die meisten die einzige Mahlzeit des Tages, und danach machen sie sich wieder auf den Weg nach Gulu. Sie werden von ihren Eltern in die Stadt geschickt, da diese befürchten, ihre Söhne und Töchter könnten in der Nacht von einer Miliz entführt werden – einer Miliz, die ohne Übertreibung als wahnsinnig bezeichnet werden kann und in den vergangenen Jahren schon mehr als zwanzigtausend Kinder entführt hat. Sie nennt sich »Widerstandsarmee des Herrn« und terrorisiert den Norden Ugandas. Sie möchte die Regierung von Präsident Yoweri Museveni stürzen und ein Regime der Zehn Gebote installieren. Ihr Anführer, Joseph Kony, rühmt sich seiner übernatürlichen Kräfte und dafür, dass er die Wiedergeburt der Jungfrau Maria sei. Es klingt wie ein schlechter Scherz, doch diese Wahnsinnigen haben fast eine Million Ugander zu Flüchtlingen gemacht, und wie viele Menschen die Rebellen schon getötet haben, weiß niemand. Nur eines ist sicher: Konys Truppe besteht fast ausnahmslos aus Kindern – aus Kindern, die von seinen Helfershelfern entführt und zu Mördern gemacht wurden.

Gegen 22 Uhr kehrt fast überall in der Stadt Ruhe ein. Lediglich ein paar betrunkene ugandische Soldaten torkeln durch die Straßen, sie schreien Passanten an oder treten nach Jungen und Mädchen, die ihnen im Weg liegen, danach verschwinden sie in eine Bar. An einer Ecke grölen ein paar ältere Kinder, sie spielen mit einem Stoffbündel Fußball, rangeln und toben durch die Straßen. Auch sie treten nach Schlafenden.

Denis Okot hat sich mit zwei Freunden einen Platz abseits der Hauptstraße gesucht, dort, wo es besonders dunkel ist. Es stinkt nach Urin, Kot, Verwesung und Fäulnis, und Ratten rascheln im Müll. Er könne nicht schlafen, sagt er, es sei kalt, außerdem werde er dauernd von Moskitos gestochen. Ob man nicht eine Decke für ihn habe. Auch wenn der Junge gerade erst sieben Jahre alt ist, sieht er aus, als habe er schon ein ganzes Leben hinter sich. Seine Augen sind gerötet, seine Wangen sind eingefallen und seine Zähne sind so ockerfarben wie der Staub der Straße. Eltern hat er keine mehr, sagt er, seine Mutter ist von Konys Rebellen umgebracht worden, sein Vater starb an Aids. Seit sechs Monaten kommt er nach Gulu, tagsüber arbeitet er auf dem Acker der Großmutter. Doch auch in der Stadt hat er Angst – nicht vor den Rebellen, sondern vor den älteren Kindern. »Am Anfang habe ich am Busbahnhof geschlafen«, sagt er, »aber dort wurde ich von den Großen verprügelt. Weil ich beim Schlafen in die Hose gemacht habe oder einfach nur so. Die prügeln, weil es ihnen Spaß macht.« Außerdem hat er schon mal eine Decke geschenkt bekommen, »noch in derselben Nacht haben sie mir die älteren Kinder wieder weggenommen.«

Die ugandische Hilfsorganisation »Noahs Arche« kümmert sich seit Anfang 2003 um einen Teil der Jungen und Mädchen. Sie hat auf einem freien Feld ein paar Zelte für dreizehnhundert Kinder aufgestellt, einen Waschraum und eine Toilette. Und in jedem dieser Zelte, in denen es stockdunkel ist, liegen Hunderte Heranwachsender. Viele von ihnen erzählen ähnliche Geschichten wie Denis Okot, sie erzählen von getöteten oder an Aids gestorbenen Eltern, von Hunger, Moskitos, der Kälte, von älteren Kindern, die prügeln.

Die Chefin von Noahs Arche, Annet Kurui Chepkurui, sagt, dass zwar schon seit Jahren Kinder und auch deren Eltern in Gulu Schutz suchen, aber es seien immer nur ein paar Hundert gewesen, erst seit ein einigen Monaten gebe es diesen gewaltigen Strom, eben seitdem Konys Rebellen so massiv zuschlagen wie noch nie zuvor. Chepkuruis Zählung zufolge übernachten derzeit etwa fünfzehntausend Kinder in der Stadt, andere sprechen von zwanzig- bis fünfundzwanzigtausend. »Sie können sich nicht vorstellen, was passiert, wenn man die Kinder ohne Aufsicht lässt.« Mädchen seien von Jungen vergewaltigt worden, andere verprügelt, gequält oder ausgeraubt. »Wir mussten etwas unternehmen, die Zustände wurden immer katastrophaler.« So werden nicht nur auf dem Gelände von Noahs Arche Jungen und Mädchen strikt getrennt, sondern auch im Busbahnhof, im Krankenhaus und in der Missionsstation. »Aber das, was auf den Straßen passiert, können wir nicht kontrollieren.« Es sei für die Kinder immer noch besser, in Gulu zu schlafen, sagt die Helferin, als von den Rebellen entführt zu werden. Um zu hören, was den Jungen und Mädchen in Konys Armee passiert, müsse man nur zwei Kilometer von hier entfernt in ein anderes Lager gehen, zur Hilfsorganisation Gusco, die Jugendliche betreut, die aus der »Widerstandsarmee des Herrn« fliehen konnten.

Auch das Gusco-Gelände ist auf einem freien Feld untergebracht, auch hier schlafen Hunderte Kinder in riesigen Mannschaftszelten. Schon nach wenigen Gesprächen weiß man, warum diese Jungen und Mädchen jede Nacht von Albträumen gequält werden. Da gibt es zum Beispiel Robert Ojok. Fünfzehn Jahre ist er heute alt, mit acht wurde er von den Rebellen geschnappt. Ihm fehlt durch einen Streifschuss das linke Ohr, eine andere Kugel hat ihm das rechte Knie zertrümmert. Kaum hat man ihm eine Frage gestellt, sprudeln Satzfetzen aus ihm heraus. Von »platzenden Köpfen« und »herumspritzenden Gehirnen« erzählt er, von Leichen, zwischen denen er Schutz suchte und von dem Mann, den er und zwanzig andere Kinder totgetrampelt haben. »Wer das nicht machen wollte, wurde von den Anführern erschossen.« Freunde wurden vor seinen Augen hingerichtet, weil sie die Beute ihrer Raubzüge ins Wasser fallen ließen, als sie einen Fluss durchquerten, anderen wurden die Hände abgehackt. Wie viele Menschen er selbst getötet hat, weiß Ojok nicht, »viele«, sagt er, »es war ja Krieg«. Freigekommen ist er, als ihm bei einem Gefecht mit der ugandischen Armee ins Knie geschossen wurde und er den anderen nicht mehr folgen konnte. Zivilisten haben ihn gefunden und dem ugandischen Militär übergeben. Die Soldaten haben ihn nach mehreren Verhören in dieses Lager gebracht.

Auf dem Gusco-Gelände findet man viele solcher Geschichten, etwa die von Margret Piloya, auch sie wurde entführt, auch sie musste töten, auch sie wurde verletzt, ein Bauchschuss hat sie fast das Leben gekostet. Einundzwanzig Jahre ist sie heute alt, mit zwölf wurde sie von Konys Leuten aus ihrem Dorf geholt und von einem Anführer »geheiratet« – was für das Mädchen nichts anderes bedeutet hat, als Sexsklavin zu werden. »Am Anfang war er noch nett«, sagt sie, zwei Kinder habe sie von ihm bekommen, die seien auch hier im Gusco-Lager, »aber nach zwei, drei Jahren hatte er sich zwölf weitere Frauen genommen. Mich hat er danach fast nur noch verprügelt.«

All diese Geschichten kommen fast nie an die Öffentlichkeit, weil Kony und seine Leute noch viel grausamer sein können. Im Juli 2003 machte die Ermordung von fünfundvierzig entführten Kindern in Ostafrika Schlagzeilen, sie wurden von den Rebellen aneinander gekettet und in den Fluss Moroto geworfen, um die Wassertiefe zu testen, sie alle ertranken. Für Entsetzen sorgte auch der Überfall auf ein Dorf, bei dem den Opfern Hände und Köpfe abgehackt und gekocht wurden. Dann zwangen die Rebellen die Überlebenden, von diesem Sud zu trinken und zu essen. Kony, so erzählen ehemalige Kindersoldaten, betrachtet solche Grausamkeiten als »Reinigung«, die seine spirituellen Kräfte erneuert, er bringt auch jedes Jahr persönlich eine Jungfrau um, damit ihm seine vermeintlichen göttlichen Fähigkeiten nicht abhanden kommen.

Dass Konys kindliche Krieger gerade jetzt so massiv zuschlagen, dass sie gerade jetzt so viele Kinder entführen wie schon lange nicht mehr, hängt mit dem Kampf gegen den internationalen Terrorismus zusammen. Im Norden Ugandas und im angrenzenden Sudan greifen seit Jahren mehrere Bürgerkriege ineinander. Konys Rebellen kämpfen gegen die ugandische Regierung und wurden dabei lange Zeit vom Regime im nordsudanesischen Khartum unterstützt, einer Regierung, der die USA vorwirft, Osama bin Ladens Terrornetz al-Qaida zu beherbergen und auszurüsten. Im Südsudan kämpft die christliche Miliz SPLA gegen die muslimischen Fundamentalisten im Norden, und diese wiederum erhält Unterstützung von Ugandas Regierung. So finanzieren und rüsten die sudanesischen Machthaber Konys Truppe aus, und Ugandas Regierung und die USA unterstützen die südsudanesischen Rebellen. Als Washington die »Widerstandsarmee des Herrn« auf die Liste der internationalen Terrorgruppen setzte, obwohl diese nichts mit muslimischen Extremisten zu tun hat, begann die ugandische Armee im März 2002 eine Offensive gegen Kony, der bis dahin seine Basen im Südsudan hatte und von dort aus immer wieder Dörfer in Norduganda angriff. Da gleichzeitig die sudanesische Regierung – aus Angst vor Militärschlägen der USA – Kony offiziell die Unterstützung entzog und Uganda erlaubte, Konys Truppen im Südsudan anzugreifen, floh die Rebellenarmee zurück nach Norduganda und startete dort einen verheerenden Gegenschlag. Knapp die Hälfte der geschätzten zwanzigtausend entführten Kinder wurden seitdem von Konys Leuten gefangen. Die Offensive der ugandischen Regierung mit dem Namen »Eiserne Faust« erwies sich in nur kurzer Zeit als kompletter Fehlschlag – nicht zuletzt, weil auch viele ugandische Soldaten vor den angeblichen übernatürlichen Kräften Konys Angst haben. Inzwischen konnte die Rebellengruppe schon so weit ins Herz Ugandas vordringen, dass sie Dörfer überfällt, die weniger als zweihundert Kilometer von der Hauptstadt Kampala entfernt liegen. Der Konflikt droht das ganze ostafrikanische Land zu destabilisieren.

Weit nach Mitternacht ist es ruhig in Gulu. Die meisten Kinder schlafen, lediglich das nicht enden wollende Husten und Keuchen durchbricht die Stille. In der Nähe von Nokrachs Schneiderladen sitzt Alice Ladwar, eine ältere Frau, eingehüllt in Dutzende bunte Tücher. Sie gehört einer christlichen Gemeinschaft in Gulu an und deren Mitglieder passen freiwillig auf die Kinder in den Straßen auf. »Die meisten sehen ihre Eltern, wenn sie überhaupt noch welche haben, maximal eine Stunde am Tag.« Deshalb hat sie auch Angst vor der Zukunft. »Was soll nur werden, wenn hier nur noch Menschen leben, die mit dem Gesetz des Dschungels, ohne Erziehung aufgewachsen sind?« Schon jetzt, so die Frau, gebe es massive Probleme. »Unsere eigenen Kinder fragen uns um 9 oder 10 Uhr abends, warum sie ins Bett müssten, wenn jüngere Kinder noch draußen auf den Straßen herumtoben können.«

Die größte Herausforderung aber seien die freigekommenen Kindersoldaten, die nun in Gulu leben. Ein fünfzehnjähriger ehemaliger Kämpfer Konys sei vor kurzem in der Schule ermahnt worden, daraufhin habe dieser zum Lehrer gesagt: »Der letzte Mensch, den ich getötet habe, war größer, schwerer und dicker als du. Du kannst mir gar nichts sagen.« Und dann erzählt Alice Ladwar noch, dass es viele Nächte gibt, in denen man selbst noch im Stadtzentrum Schüsse hören kann, wenn Dörfer in der Umgebung überfallen werden. Doch diese Angriffe seien nicht von Konys Leuten, »es sind Jugendbanden, die sich die Waffen für die Nacht ausleihen, die nutzen das Chaos des Krieges aus«. Wer den Banden die Schnellfeuergewehre gibt, will sie nicht sagen, andere Bewohner aber berichten, dass es in Gulu stationierte ugandische Soldaten sind, die damit ihren Sold aufbessern. »Es gibt keine Disziplin mehr«, sagt die Frau, »es wird alles nur noch schlimmer.«

Am nächsten Morgen, kurz vor sechs Uhr,

sind die ersten Sonnenstrahlen das Zeichen zum Aufbruch. Nach wenigen Augenblicken ist die ganze Stadt vom Lärm geweckt. Die Kinder ziehen singend, lärmend, lachend durch die Straßen, hinaus in ihre Dörfer. Schneidermeister Nokrach wischt wie jeden Morgen seine Veranda, in seinem winzigen Laden ist das Radio eingeschaltet, der Nachrichtensprecher verkündet, dass Konys Miliz in der vergangenen Nacht ein Flüchtlingslager überfallen und fünfzehn Menschen getötet hat. Nokrach setzt sich auf die Veranda, starrt eine Weile auf die Straße und sagt: »Dieser Krieg ist völlig absurd, das ist kaum zu erklären.«

Konys Armee, so der Schneidermeister, besteht vermutlich nur aus achtundzwanzig erwachsenen Anführern. Die ugandische Armee hat noch keinen von ihnen erwischt, der Rest sind Kinder. »Sobald die Kleinen entführt werden, sind sie von einer Minute auf die andere gefährliche Rebellen, die bekämpft werden müssen«, sagt Nokrach, wenn sie aber dann jahrelang gemordet, vergewaltigt und geplündert haben und plötzlich fliehen können, sind sie auf einmal wieder die armen Kinder, die entführt wurden. »Diesen Wahnsinn versteht doch kein Mensch.«

SZ, Seite Drei, 17.11.2003

Vom Wert des Wertlosen

Der kenianische Künstler Kioko Mwitiki und der Müll Nairobis

Am liebsten möchte man die Suche nach dem reichen und berühmten Künstler sofort wieder aufgeben. Es geht durch enge, schlammige Gassen, Drängelnde stoßen einem Ellenbogen in die Rippen, mit jedem Schritt versinkt man knöcheltief im Morast und außerdem stinkt es nach verfaultem Müll. Auf dem Boden liegen Bananen- oder Orangenschalen, Lumpen, Tüten, Plastikschlappen. »Mais, Mais«, brüllt ein Händler und hält einem die halb verkohlten Kolben vors Gesicht, »ich habe auch Lampen, gute Lampen, so billig wie noch nie.« Ein Mann stürmt aus einer morschen Bretterbude: »Hey Weißer, ich brauch Arbeit, ich mach dir alles, kochen, waschen, bügeln, putzen. Ich brauch nur endlich einen Job.« Passanten fallen über ein Kind, das halb nackt in einer Pfütze spielt, sie fluchen, straucheln, treten nach dem kleinen Jungen und drängen weiter. »Hey, was rennst du hier rum? Kauf was!« Drei Mädchen zerren am Ärmel, lachen und quietschen. »Weißer, Weißer, gib uns Geld, wir haben Hunger.«

Hier in diesem schmutzigen Winkel Nairobis, zwischen River Road und Blechmarkt, soll sich also Kioko Mwitiki heute Morgen aufhalten, der Mann, für dessen Werke bis zu fünftausend Euro bezahlt werden und der auch schon in Spanien und Frankreich Ausstellungen hatte. Aber hier sieht niemand so aus, als sei er reich und berühmt. Die Menschen wirken in ihren zerrissenen oder stark abgetragenen Kleidern eher wie Aussätzige und Ausgestoßene, wie Habenichtse, die im Hinterhof der Stadt vom Müll der Metropole leben. Wohlhabende Kenianer in guten Anzügen oder gar Weiße sind nicht zu sehen, die verkehren ein paar Hundert Meter entfernt, im Geschäftszentrum, wo es Hochhäuser, Banken, Beauty Salons, Gartencafés, Edelhotels, Versicherungen und Telefonkonzerne gibt. Selbst der Künstler, der dort hinten endlich zu entdecken ist – im Gespräch mit einem Schrotthändler – sieht in seinem ölverschmierten blauen Overall und seinen löchrigen Schuhen so armselig und unscheinbar aus, dass man ihn für einen Tagelöhner halten könnte.

Doch dieser einundvierzigjährige Massai verkörpert den kenianischen Traum: Als Kind ist Kioko, wie er von allen genannt wird, in einer Hütte aus Lehm und Kuhdung aufgewachsen und hat barfuß die wenigen Ziegen seines Vaters gehütet, heute ist er der höchstbezahlte Bildhauer Ostafrikas und lebt in einer hübschen Kolonialvilla. Zwölf seiner lebensgroßen Altmetall-Elefanten stehen am Flughafen von Nairobi, seine Blechmusikanten oder riesigen Flusspferde, Hyänen, Giraffen, Frösche, Chamäleons oder Krokodile sind in Einkaufszentren und Restaurants ausgestellt, und selbst Bundeskanzler Gerhard Schröder besitzt seit seinem Kenia-Besuch im Januar 2004 ein Werk des Bildhauers. Klaus Töpfer, der Chef der UN-Umweltbehörde, hat ihm den fünfzig Zentimeter hohen rostbraunen Elefanten geschenkt.

Die Karriere des Künstlers ist schon deshalb so

bemerkenswert, weil er sie ohne fremde Unterstützung geschafft hat, ohne reiche Verwandte, ohne Hilfsorganisation, ohne Begünstigungen durch einflussreiche Politiker oder Beamte. Mehr noch: Er hat damit nicht nur sich selbst zu einem wohlhabenden Mann gemacht, sondern auch vielen anderen Menschen zu einem guten Einkommen verholfen. Außerdem kann man durch Kioko erfahren, welchen enormen Wert vermeintlich wertlose Dinge bekommen können.

Schon mit kleinen Gesten erklärt der Künstler das Wesen seiner Arbeit. Er hebt eine kaputte Zündkerze auf und den verrosteten Sprühkopf einer Spraydose, beides lag zufällig vor ihm im Dreck. »Müll, oder?« Dann schmunzelt Kioko, weil man ihm keine andere Antwort geben kann. »Mit den Zündkerzen kann man Krokodilzähne machen oder Haare für Blechmusikanten oder Stacheln für Stachelschweine. Man kann damit auch Stühle oder Tische verzieren.« Dann legt er den Sprühkopf in seine offene Handfläche: »Sehen Sie, wie er uns ansieht? Dieser durchdringende Blick, das ist doch ein wunderschönes Auge für ein Chamäleon.«

Natürlich sind die meisten Menschen amüsiert und überrascht, wenn Kioko aus verrosteten Abflussrohren Elefantenrüssel schmiedet oder ausgefranste Putzlumpen als Frisuren für Masken verwendet. Aber wenn man mit ihm auf dem Blechmarkt unterwegs ist, dann kann der Mann nicht nur den Dingen eine neue Bedeutung geben, sondern auch den Szenen, die man hier sieht. »Die allermeisten Menschen sind arm«, sagt Kioko, »sie haben Schwierigkeiten, sich eine Mahlzeit am Tag zu leisten. Aber lassen Sie sich nicht blenden. Hier gibt es nicht nur Elend, hier gibt es mehr gut verdienende Menschen als Sie denken.« Und dann zeigt er einem – wie in einem Vexierbild – erfolgreiche Personen, die man alleine nicht entdeckt hätte.

Zum Beispiel dieser völlig verschmutzte Mann auf dem kleinen Müllberg. Er sortiert kaputte Schuhe, verbogene Löffel, leere Konservendosen, Kronkorken, verrostetes Metall. »Das ist mein Besitz«, sagt der Abfallhändler, der John Ndungu heißt, »davon kann ich gut leben.« Früher einmal, das ist mehr als fünfzehn Jahre her, hat er neue Sporttaschen verkauft und T-Shirts, aber da er nur ein Angestellter war, bekam er am Monatsende gerade mal fünfzehnhundert Kenya-Schilling, das sind etwas mehr als fünfzehn Euro. »Das hat bloß für ein paar Tage gereicht, darum habe ich mir mein eigenes Geschäft gesucht, eines, das niemand machen wollte.« Heute verdient der Fünfunddreißigjährige im Schnitt zehn Euro, und zwar pro Tag, das ist immerhin bis zu zehnmal so viel wie das, was ein Polizist oder ein Verkäufer bekommt. Aus den Knochen wird Tierfutter gemacht, aus den Dosen entstehen Öllampen, aus dem Altmetall Holzkohleöfen. Und wenn ein Schuster Absätze oder Sohlen sucht, dann wendet er sich ebenfalls an John Ndungu, denn in dessen Sammlung gibt es sicherlich ein passendes Exemplar.

Doch die Wiederverwertung von Abfall ist nicht nur für Kioko und den Müllmann ein gutes Geschäft. Auf dem Blechmarkt gibt es auch diese Gruppe fast nackter Männer. Sie sitzen Körper an Körper unter einem Wellblechdach und schlagen mit schweren Hämmern auf Altmetall ein. Die Szene erinnert an eine Sklavengaleere voller schwitzender Leiber, aber die Handwerker, die Kisten, Pfannen, Schränke, Koffer, Schalen, Kannen oder Kochtöpfe aus dem Blech schlagen, bekommen mit zwanzig Euro am Tag ein weit überdurchschnittliches Gehalt. Von Kioko erfährt man auch, dass Frauen, die aus Coca-Cola-Kronkorken Handtaschen basteln oder aus Drähten Autos, Motorräder oder Vögel flechten, ebenfalls gut verdienen. Sie alle, sagt der Künstler, hatten eine ganz simple Idee: »Wenn man nichts besitzt, muss man Dingen, die keinen Wert mehr haben, einen neuen Wert geben. Etwas anderes kann man sich nicht leisten.«

Kennt man die Vergangenheit des Bildhauers, dann wundert man sich, wie unbeschwert er ist, und dass er die meiste Zeit lacht und scherzt, grüßt und winkt. Fast scheint es, als habe es die langen Phasen der Verzweiflung nicht gegeben. »Auf der ganzen Welt ist es schwer, Künstler zu werden«, sagt Kioko, »am schwersten aber ist es, wenn man ein Massai ist, da zählen Rinder, Land und Geld. Und völlig verrückt ist man, wenn man aus Müll Kunst machen möchte.« Als er ein Kind war, als er in der heißen, ausgedörrten Ebene rund um den Magadi-See aufgewachsen ist und unter einem Baum unterrichtet wurde, lobten ihn alle für seine Zeichnungen. Deshalb beschloss er nach der Schule, sich zum Kunstlehrer an der Universität von Nairobi ausbilden zu lassen. Schon das stieß auf Unverständnis, richtigen Ärger aber bekam er, als er den damaligen Präsidenten Daniel arap Moi zeichnete, wie dieser gerade mit einem Schlagstock die Menschen verprügelt. Die Polizei steckte ihn für vier Wochen ins Gefängnis, außerdem musste er seine Ausbildung abbrechen. »Da war ich auf einmal der Taugenichts, derjenige, der den Staatschef verhöhnt anstatt zu lernen. Damals wollten meine Geschwister nichts mehr mit mir zu tun haben.«

Manchmal, sagt Kioko, kann er selbst noch nicht glauben, dass er nun in dieser Villa in Nairobi lebt. Schon im Garten wird man von Dutzenden Skulpturen empfangen. Es ist ein kleiner Märchenpark aus Tieren, Gnomen, Robotern und Masken, und wie sehr der Künstler in dieser Fabelwelt lebt, merkt man schon daran, dass er die Figuren im Vorbeigehen beiläufig streichelt oder ab und zu sogar mit ihnen spricht. Er habe schon immer eine rege Phantasie gehabt, sagt er dann, »ich habe seit meiner Kindheit allen Dingen ein eigenes Leben gegeben, eines, das nur ich kenne.« Das sei auch der Schlüssel seines Erfolges.

Nach dem gescheiterten Studium heuerte Kioko als Tagelöhner in einer Fabrik für Milchkannen an, das Problem war nur, dass jedes Kind, das dort beschäftigt war, das Metall besser zusammenschweißen konnte als er. »Ich habe fast nichts verdient, weil ich so schlecht war.« Also übte er jede freie Minute, er schweißte Nägel zusammen oder kleine Metallteile und nannte diese Gebilde dann »Das tanzende Paar« oder »Massai auf dem Rindermarkt«. Niemand beachtete die abstrakten Werke, die allesamt in einer Ecke der Fabrikhalle landeten, bis ein Weißer kam und fragte, ob er »diesen Müll« haben könnte, für fünf Euro. »Ich war völlig verblüfft, das war fast ein Monatsgehalt.« Den wirklichen Wert seiner Arbeit entdeckte er ein paar Wochen später, im Schaufenster eines Souvenirladens. Eine seiner kleinen Skulpturen wurde für zwanzig Euro angeboten. Also produzierte er fortan für einen indischen Händler, der ebenfalls erkannt hatte, dass weiße Touristen für den vermeintlichen Abfall viel Geld bezahlen.

Aber das mit dem Erfolg ist so eine Sache. Mal stellt er sich ein, ohne dass man ihn erwartet, mal verschwindet er, obwohl man sich mit allen Kräften darum bemüht. Kioko wusste nun, dass seine Kunst bei Weißen ankommt, auch wenn er dies nie so beabsichtigt hatte, aber der Bedarf der Souvenirläden und Galerien war bald gedeckt und seine Freunde und Verwandten behandelten ihn zunehmend abfällig. »Mein Schwiegervater verachtete mich. Zusammengeschweißte, verbogene Nägel, so ein Unsinn, dachte der sich.« Und da Kioko auch noch drei Kinder hatte, und sich niemand mehr für seine neuen Werke, große Tiere aus Altmetall, interessierte, erfuhr er zum ersten Mal »wirkliche Armut«. »Ich dachte immer, als Massai-Junge wäre ich arm gewesen, nun aber erkannte ich, dass ich damals reich war. Ich sah meine Kinder und wusste, dass ich sie nicht ernähren konnte. Ich war kurz davor, mich umzubringen.«

Kioko ging trotzdem nicht wieder als Tagelöhner in eine Fabrik. Er hielt sich mit kleinen Arbeiten über Wasser. Den Durchbruch schaffte er Ende der neunziger Jahre, als er von der Frankfurter Zoologischen Gesellschaft in der Serengeti beauftragt wurde, Dutzende von Tierskulpturen herzustellen. Seitdem verkaufen sich seine Werke auch wieder in Kenia, seitdem wurde er des Öfteren schon zu Ausstellungen nach Europa eingeladen, und auch für die Vereinten Nationen macht er ein ähnlich umfangreiches Projekt wie in der Serengeti.

Aber selbst Erfolg und Wohlstand bringen Probleme, sowohl für den Künstler Kioko als auch für den Müllhändler John Ndungu: Derjenige, der Geld hat, ist verpflichtet, den ärmeren Verwandten zu helfen, der so genannten »erweiterten Familie«. Das ist das traditionelle soziale Netz in Afrika und dem kann sich niemand wirklich entziehen, schon deshalb nicht, weil es keine staatliche Fürsorge gibt. »Sie können sich gar nicht vorstellen, wer aller mit mir verwandt sein will«, sagt Ndungu, und wenn er nicht so akribisch aufpassen würde, wären seine Ersparnisse längst weg. Deshalb lebt der Müllhändler immer noch in einer schäbigen Wellblechhütte, deshalb zieht er nicht einmal in seiner Freizeit eine Jeans an, denn auch das sei ein Zeichen von Geld. »Die meisten wollen mit mir nichts zu tun haben, weil ich im Abfall wühle. Zum Glück wissen die nicht, was ich verdiene.« Durch seine Tarnung konnte Ndungu sparen und so besitzt er inzwischen ein Grundstück am Mount Kenya, ein gemauertes Haus, ein Taxi und ein Schweißgerät. »Ich werde bald aufs Land ziehen«, sagt er, »und mein neues Geschäft eröffnen.«

Kioko hingegen kann seinen Wohlstand nicht verstecken, seine Villa, seinen Geländewagen, seine überall zu sehenden Kunstwerke. Dennoch ist er aus dem Armutskreislauf ausgebrochen, aus dem Zwang des Teilens, der dazu führt, dass die wenigsten Menschen, die Geld verdienen, etwas sparen oder in ihre Geschäfte investieren können. Die erweiterte Familie gilt als eines der großen Entwicklungshindernisse in Afrika. »Als ich auf einmal erfolgreich war«, sagt Kioko, »standen dauernd Menschen vor meinem Tor und wollten unterstützt werden, weil sie der Cousin der Mutter oder die Stieftochter des Onkels seien, ich, der reiche Künstler, möge doch bitte helfen.« Wenn er all diesen Bittstellern Geld gegeben hätte, könnte er sich heute nicht einmal mehr das Altmetall für seine Figuren leisten. Er hat trotzdem niemanden abgewimmelt, all diesen Menschen hat er Ideen geschenkt und sie zum Teil auch ausgebildet. »Die können nun Kerzenständer aus Kronkorken basteln oder Schuhe oder Röcke mit schönen Perlenmustern besticken, damit haben sie ihr Einkommen und sind zufrieden. Und wenn ihr Geschäft mal schlecht läuft, bekommen sie eine neue Idee.«

Auch auf dem Blechmarkt ist Kioko gern gesehen. Zum einen bildet er ständig junge Männer im Schweißen aus und zeigt ihnen, was man mit Blech alles machen kann, zum anderen überlässt er auch den Handwerkern immer wieder einen seiner Einfälle. »Kioko ist eine Fundgrube«, sagt zum Beispiel ein Mann, der einst von früh bis spät Blechscharniere gebogen hat und damit gerade mal einen Euro am Tag zusammenbekam, heute stellt er Vasen oder Vogelkäfige her und verdient vier- bis fünfmal so viel. Und es scheint Kioko nicht einmal zu stören, dass seine Kunstwerke von vielen kopiert und oft auch billiger angeboten werden. »Es gibt in Kenia kein Copyright, ich kann meine Ideen nicht schützen«, sagt er, aber das sei nicht weiter tragisch. »Ich habe zwar jetzt mehr Geld als früher, aber mein wirklicher Reichtum ist meine Phantasie, die kann mir niemand wegnehmen.«

SZ, Seite Drei, 10.04.2004

Die rollenden Händler von Kinshasa

Wie die Behinderten am Kongofluss zu den Königen des kleinen Grenzverkehrs aufgestiegen sind

Die Menschen schreien, schwitzen, stinken, stoßen. Sie stehen Körper an Körper und pressen sich gnadenlos die Ellenbogen in die Leiber. Es sind in diesem engen, vergitterten Gang nur noch zwanzig Meter bis zur jetzt schon überfüllten Fähre, aber keiner kommt mehr durch. Zwei Behinderte haben sich mit ihren voll bepackten Rollstühlen verhakt und versperren den Weg. Einige Passagiere fallen über sie, auf dem Boden wälzt sich ein Verkrüppelter im Dreck, er hält sich die Hände vor den Kopf, um sich vor den Tritten der Drängelnden zu schützen. Und jetzt fangen auch noch zwei Ordner an, die Menschenmasse auszupeitschen. Sie ziehen ihre Lederriemen nicht wahllos über Rücken oder Bäuche, nein, sie schlagen immer ins Gesicht. Die beiden Rollstuhlfahrer, eine Frau und ein Mann, bekommen am meisten ab, erst ein paar Schläge von links, dann von rechts. »Verschwindet, Bastarde«, schreit einer der prügelnden Wachmänner, »verschwindet von hier.« Dann peitschen sie so lange auf die Frau ein, bis diese aus dem Rollstuhl kippt. Zwei Passagiere schreien die Ordner an und helfen der Gelähmten wieder auf.

Der Kongo ist schon für gesunde Menschen die Hölle. Aber was ist dieser Ort für Behinderte? Hier im Hafen von Kinshasa wimmelt es von

Händlern, Grenzbeamten, Taschendieben, Kindern, Polizisten und Kleintierzüchtern. Und zwischendrin schleifen sich Hunderte von Gelähmten durch Matsch und Hühnerkot oder sie sitzen in Rollstühlen, deren Reifen verbogen sind und seit Jahren keine Luft mehr haben. »Hey, Weißer«, schreit einer der Verkrüppelten, »fahr lieber mit dem teuren Schnellboot, die Fähre ist nichts für deine schwachen Nerven.« Dann lacht er. »Oder nimm mich mit, dann kommst du auch durch.« Der Mann, der offensichtlich Scherze macht, stellt sich als Emmanuel Mampanga vor. Er ist neunundvierzig Jahre alt und, wie er sagt, »Profi«, wenn es darum geht, mit der Fähre von Kinshasa über den vier Kilometer breiten Kongo-Fluss nach Brazzaville überzusetzen – immerhin mache er das seit neunundzwanzig Jahren bis zu dreimal täglich.

Mampangas Kleider sind zerrissen, seine Hände und sein Gesicht sind schmutzig und unter jedem seiner langen, dicken Fingernägel steckt schwarzer Dreck. »Gib mir mal 'ne Zigarette«, sagt er, »ich habe doch nichts.« Dann schmunzelt er und richtet sich in seinem klapprigen Rollstuhl auf, seine Beine hängen schlaff aus dem Gefährt. Die meisten Behinderten in Kinshasa leiden an Kinderlähmung, Mampanga aber sagt, er kenne den medizinischen Namen seiner Krankheit nicht.

Die Familie seines Vaters habe ihn mit fünfzehn Jahren verhext, von einem Tag auf den anderen seien ihm die Beine angeschwollen und lahm geworden. Er sei verflucht, als körperliches Wrack mitten im tiefsten Afrika zu leben. Das möchte man bei seinem Aussehen zunächst auch glauben, hört man aber seine Geschichte, wie er an diesem

Ort überlebt, kommt man zu einem anderen Schluss. Hier, wo sich niemand Mitleid leisten kann, sind Menschen wie Mampanga zu den Stärksten geworden. Viele Gesunde im Kongo haben ein schlechteres Leben als die Krüppel.

Zunächst muss man wissen, dass es diesen einen Kongo gar nicht gibt. Es gibt zwei. Sie liegen sich am gleichnamigen Fluss gegenüber, und außer dass in beiden Staaten Französisch gesprochen wird, Dschungel die meisten Gegenden bedeckt und beide von Kriegen zerstört wurden, haben sie nicht viel gemeinsam. Der eine Staat mit der Hauptstadt Kinshasa, der gemeinhin als Kongo bezeichnet wird, ist die ehemalige Kolonie Belgisch-Kongo. Nach der Unabhängigkeit wurde das Land in Zaire umbenannt. Seit der Diktator Mobutu Sese Seko 1997 gestürzt wurde und Bürgerkrieg herrscht, heißt es Demokratische Republik Kongo. Auf der anderen Seite des Flusses liegt die Republik Kongo, auch Kongo-Brazzaville genannt, weil die Hauptstadt so heißt. Sie war eine Kolonie Frankreichs. Zwar gibt es auf beiden Seiten Zöllner und Polizisten, die jeden Passagier kleinlich filzen, aber die wahren Herrscher über beide Häfen sind die Behinderten.

Es ist nicht einfach, mit Mampanga ein ruhiges Gespräch zu führen. Im Hafen wird gerempelt und gebettelt, und auch der Mann im Rollstuhl muss sehen, dass ihn die Masse nicht einfach fortschiebt. Bevor man aber in ein Lokal darf, muss man mit dem Besitzer verhandeln und versprechen, dass Mampanga der einzige Behinderte ist, der kommt, dass die Rechnung bezahlt wird und die anderen Gäste nicht belästigt werden. Dann erst darf der Verkrüppelte den Rollstuhl vor der engen Kneipentür stehen lassen und sich auf allen Vieren zwischen den Gästen hindurch zum Tisch schleifen.

Es gab einmal eine Zeit in Kinshasa, da wurden die Behinderten nicht so misstrauisch behandelt wie heute. Es war die Zeit von Mobutu, dem Diktator, der das Land mehr als dreißig Jahre lang ausgeschlachtet hat. Als er gestürzt wurde, war der Kongo so bankrott, dass die einzige landesweite Institution, die noch funktionierte, die katholische Kirche war. »Aber Mobutu hatte wenigstens Stil«, sagt Mampanga, »und er war sehr freundlich zu uns.« Der Despot hat 1972 verkündet, den Behinderten gehe es schlecht. Um ihnen das Leben zu erleichtern, müssten sie künftig nur noch die halbe Steuer zahlen, wenn sie Waren ein- oder ausführten. Und die Fahrt über den Kongo sei umsonst. Das war die Geschäftsgrundlage, auf der die Verkrüppelten ihr Reich aufbauten. Durch diese beiden Sätze waren sie auf einmal keine Last mehr für ihre Familien, sie mussten auch nicht mehr betteln, wie es Mampanga zuvor gemacht hat. Durch Mobutu wurden sie zu den Königen des kleinen Grenzverkehrs.

»Die Händler aus Kinshasa kamen zu uns«, erzählt Mampanga, »und baten uns, ihre Waren nach Brazzaville zu bringen.« Zwar sei der Lohn dafür nicht schlecht gewesen, aber die Behinderten hätten sich schon nach kurzer Zeit organisiert, höhere Forderungen an die Unternehmer gestellt und auch eigene Läden aufgemacht. »Damit konnten wir wesentlich mehr einnehmen.« Wie viel er täglich verdient, will er nicht sagen. Nur so viel: Er ist verheiratet, hat ein gutes Auskommen und ein Kind und lebt in einem gemauerten, trockenen Haus. Das ist mehr, als sich die meisten der sieben Millionen Einwohner in der feuchten Tropenstadt leisten können.

Freundliche Menschen bezeichnen Mampanga und die anderen Behinderten im Hafen als Händler. Sie kaufen und verkaufen Mehl, Zucker, Konservendosen, Reis, Mais, Seife, Waschpulver, Brot, Fleisch, Wurst, Käse oder Milch. Deshalb sehen fast alle Rollstühle aus wie kleine dreirädrige Lastwagen mit waghalsigen Aufbauten. Diese sind oft so voll bepackt, dass schon mal ein Reifen unter der Last zusammenknickt. »Wenn in Kinshasa etwas fehlt, kaufen wir in Brazzaville ein und bringen es rüber. Fehlt in Brazzaville etwas, besorgen wir es in Kinshasa.« Und da in beiden Ländern bittere Armut herrscht, geht immer etwas ab. »Solange die Zeiten so miserabel sind wie jetzt, geht's uns einigermaßen gut«, sagt Mampanga und lacht.

Weniger freundliche Menschen bezeichnen ihn und seine Kollegen als Schmugglerbande oder auch als Mafia, da sie neben Lebensmitteln Benzin, Pistolenkugeln oder Drogen über die Grenze bringen. »Ich bringe dir alles, was du brauchst. Das hängt nur von der Summe ab, die ich den Zöllnern oder Polizisten zahlen muss, damit sie mich durchlassen«, sagt Mampanga. Da vor allem Benzin und Diesel in Kinshasa zur Zeit extrem knapp sind, gibt es haarsträubende Szenen. Man sieht Rollstühle auf der Fähre, die mit Fässern und Eimern voll bepackt sind. Es sind rollende Benzinbomben, auf denen die Behinderten auch noch rauchen. »Es ist noch nie etwas passiert«, sagt er, »aber ehrlich gesagt, ich wundere mich auch.«

Natürlich haben Mobutus Vergünstigungen

Tausende von Behinderten aus dem ganzen Land angezogen. Am Anfang sei der Handel hervorragend gelaufen, sagt Mampanga, »wir waren nur ein paar Hundert, die Geschäftsleute haben sich um uns gerissen.« Heute aber versuchten Tausende Verkrüppelte in Kinshasa und Brazzaville ihr Glück zu machen. Die Zeiten sind härter geworden, nicht zuletzt, weil die Hafenbehörde nach dem Sturz Mobutus beschlossen hat, dass die Überfahrt für Behinderte nicht mehr umsonst ist, sie müssen jetzt fünfzig Prozent des Ticketpreises zahlen. »Außerdem hassen uns viele Zöllner und Polizisten«, sagt Mampanga. Es komme vor, dass ihnen in einem der beiden Häfen die gesamte Fuhre abgenommen wird, »die Grenzbeamten verkaufen das dann selbst.« Das Einzige, was die Verkrüppelten vor einer noch größeren Gier der Kontrolleure schütze, sei das Stigma. »Viele durchsuchen uns nicht, weil sie Angst haben, uns zu berühren. Die wissen, dass wir verhext sind.«

Mampanga wirkt hier am Tisch wie alle anderen Gäste auch. Das ändert sich, als er auf die Toilette muss. Er beugt sich nach unten, lässt seinen Körper auf den Boden fallen und schleift sich mit den Armen in das stinkende Klo. Auf einmal ist er nur noch ein bedauernswerter, alter Mann, der durch den Dreck robben muss. Als er zurückkommt, zieht er sich wieder auf den Stuhl, lächelt etwas verlegen und fährt mit seiner Geschichte fort.

Trotz der zunehmenden Konkurrenz und der Schikanen der Beamten geht es den Verkrüppelten nicht viel schlechter als vor ein paar Jahren. Mampanga zieht zwei Zettel aus der Tasche. Das eine ist eine Quittung, die besagt, dass jemand für die Behinderten gespendet hat, das andere ist eine Liste, wer wie viel zahlen muss. Bars, Restaurants und Kosmetiksalons sollen siebentausend kongolesische Franc pro Jahr abgeben, das sind fünfundzwanzig Euro, Diamantenhändler zweihundertfünfzig Euro, Firmen und ausländische Hilfsorganisationen etwas mehr als fünfhundert Euro. Und was passiert, wenn jemand nicht zahlt? »Die zahlen schon«, sagt Mampanga. Dann schmunzelt er. »Weißt du, alleine bin ich als Behinderter aufgeschmissen. Aber wir sind organisiert. Hast du schon mal erlebt, dass Hunderte von Behinderten vor deinem Geschäft auftauchen? Du weißt, dass du zahlen musst, sonst bekommst du 'ne Menge Ärger.«

SZ, Außenpolitik, 14.07.2001

Nur wer reich ist, kommt raus

Von betrunkenen Piloten, unberechenbaren Kindersoldaten und einer Tonne Übergewicht: Fliegen in Afrika

Es muss unser Glückstag sein. »Veteran« heißt das Flugzeug. Es ist eine verrostete, russische Antonow. Sie steht da draußen auf der Startbahn. Hier im Warteraum tropft Wasser durch die Decke, schwarzer Schimmel versucht selbst Plastikstühle aufzufressen, und in der Cafeteria gibt es nichts außer geplatzten Neonröhren, nassem Staub und einem minderjährigen Soldaten. Der ist keine sechzehn Jahre alt. Er sitzt auf der dreckigen Theke und schaut so grimmig, als hätte er zwei Weltkriege hinter sich. Die Kalaschnikow hat er sich übers Knie gehängt.

»Weißt du«, sagt der letzte Trost, der neben mir sitzt, »das letzte Mal bin ich mit der ›Nasdrowje‹ aus dem Kongo rausgeflogen. Das war nicht lustig.« Nasdrowje, Prost. Eigentlich müssten wir uns jetzt betrinken, mit russischem Wodka, um neun Uhr morgens, weil es ohnehin schon egal ist. Weil es die Piloten auch machen, die russischen Flieger, die uns aus der kongolesischen Urwaldstadt Kisangani an die Grenze zu Ruanda bringen sollen. Selbst der Kollege, der schon viele Jahre als Journalist in Afrika lebt und in schrecklich klapprigen Flugzeugen gesessen hat, selbst der schaut, als habe sein letztes Stündchen geschlagen. »Vielleicht haben sie die Maschine umgetauft«, sagt er, »Nasdrowje war vielleicht zu offensichtlich. Oder sie haben jetzt zwei Flugzeuge.« Er starrt auf die Pfütze vor unseren Füßen und schüttelt den Kopf: »Das letzte Mal ist der Pilot ins Cockpit getorkelt und der Laderaum war voll mit Waffen und Kindersoldaten.«

Wir müssen von allen guten Geistern verlassen sein. Wer steigt schon in so ein verrostetes Flugzeug, noch dazu mit Piloten, die schätzungsweise zwei Promille oder vielleicht noch mehr im Blut haben. Aber die russischen Flieger sind die einzigen, die im Bürgerkriegsland Kongo noch Zivilisten nach Kisangani hinein- und auch wieder hinausfliegen. Hundertfünfzig Euro kostet das Ticket für die knapp achthundert Kilometer lange Strecke, das ist mehr, als ein Kongolese im Jahr verdient. Nur wer reich ist, kommt hier raus – auch wenn er dabei sein Leben aufs Spiel setzt. Dafür bekommt er von den Russen ein richtiges Flugticket – mit blauen Palmen vorne drauf und einer roten Sonne, die im gelben Meer versinkt.

Draußen steht der Pilot auf dem linken Flügel der »Veteran« und schraubt und bohrt und zieht. Irgendwann tropft brauner, zäher Schleim aus der Tragfläche und plumpst auf den Boden. Der letzte Ölrest zieht einen meterlangen, dicken, braunen Faden. Bevor er den Asphalt erreicht, reißt das Schleimstück. Der Mann gießt aus einer Plastikwasserflasche irgendeine Flüssigkeit nach. Immerhin fällt er nicht vom Flugzeug. Er scheint also einigermaßen nüchtern zu sein.

Mit zwei Stunden Verspätung geht's in den Bauch der Antonow. Er ist voll mit Säcken. Was sich darin befindet, steht nicht drauf. Es heißt aber, es sei Coltan, ein extrem hitzebeständiges

Mineral. Vor allem Handykonzerne und Raketenhersteller in Europa, Asien und den USA sind die Käufer. Das Pfund kostet zwischen zweihundert und vierhundert Euro. Es ist ein weltweit begehrter Rohstoff, um den im Kongo Krieg geführt wird.

Mit »Nasdrowje« begrüßt uns der Pilot, dann steigt er mit der brennenden Zigarette über die Säcke hinweg und verschwindet im Cockpit. Wir dürfen uns auf unbefestigte Holzbänke setzen. Ein Crewmitglied rechnet zum dritten Mal das Frachtgewicht aus – und kommt zum dritten Mal zu einem anderen Ergebnis. Noch immer eine Tonne zu schwer. Der Mann kratzt sich mit dem Bleistift am Kopf, zerknüllt das Papier und setzt erneut zu einer Rechnung an.

Kurz vor dem Start, die Laderampe ist schon geschlossen, beginnen ein paar Männer draußen zu streiten. »Zu schwer«, schreit ein Russe, »das geht nicht« und »verdammt, was sind das hier für Zustände.« Es hilft nichts. Ein Chef der Rebellen, die Kisangani kontrollieren, befiehlt, dass seine Familie mitgenommen wird. Ein Mann, eine Frau und ein Kind steigen ein. Eine weitere Holzbank wird gebracht. Auf den anderen beiden Pritschen sitzen vier Kongolesen und ein Mitarbeiter einer Hilfsorganisation. Fluchend schmeißen zwei Russen vier Säcke aus dem Flugzeug. Das Crewmitglied rechnet immer noch, als sich die Maschine in Bewegung setzt – vermutlich mit mehr als einer Tonne Übergewicht. Sie rumpelt über die löchrige Asphaltpiste. Die heraushängenden Kabel, eine Sauerstoffmaske und der Feuerlöscher klappern gegen die Wände. Das Flugzeug rast über die Startbahn, hebt aber nicht ab. Wir halten uns an den Holzbänken fest. Die Maschine hebt immer noch nicht ab. »Oh Gott«, sagt der Kollege, »will der Pilot durch den Dschungel an die ruandische Grenze fahren?« Ein banger Blick aus dem Flieger – und endlich sind wir über den Palmen. Knapp zwar, aber immerhin drüber.

Würde gutes Wetter herrschen, könnten wir jetzt sehen, dass sich die Landschaft nicht verändert, mehr als eine Stunde lang gäbe es nur Regenwald zu sehen. Ein grüner Teppich aus gigantischem Broccoli, durchzogen von braunen Flussläufen. Nirgends könnte man Straßen oder Städte entdecken.

Es herrscht aber kein gutes Wetter. Wir fliegen durch eine Gewitterfront, durch riesige schwarze Wolkentürme, in denen die Antonow geschüttelt wird wie ein Spielzeugball. Wir krallen uns an unsere Holzbänke. Das Einzige, was uns jetzt noch ermutigt, ist der Mann, der das Frachtgewicht ausrechnen sollte. Der hat Zettel und Bleistift zur Seite gelegt und schläft.

Kurz vor Goma lockert sich die Wolkendecke, und wir sehen die bis zu viertausendfünfhundert Meter hohen Vulkane. Sie bilden die Grenze zu Ruanda. Gleich ist es überstanden. Die Antonow geht ruhig runter, setzt nach ein paar Runden über der kongolesischen Grenzstadt sanft auf dem Rollfeld auf.

Auf der rechten Seite der Landebahn liegt ein Flugzeugrumpf im Gras, in der Mitte ist er auseinander gebrochen. Das Wrack schaut noch recht neu aus, die beiden Flügel liegen jedoch Hunderte von Metern entfernt. Die hatten wohl weniger Glück als wir. Nein, nein, sagt der Mitarbeiter der Hilfsorganisation. »Der Pilot hat die leere Maschine absichtlich neben der Landebahn aufgesetzt.« Dem Mann selbst sei nichts passiert. »So etwas nennt man wohl Versicherungsbetrug.«

SZ am Wochenende, 05.05.2001

Umschlossen vom Dschungel der Angst

Verfeindete Rebellentruppen halten die kongolesische Urwaldstadt Kisangani in Schach

Vielleicht war es doch keine gute Idee, ein Taxi zu nehmen. Es ist heiß und feucht. Der dürre alte Mann keucht nach kurzer Zeit, weil sich die Fahrradreifen tief in den schweren, nassen Schlamm drücken. Es geht durch Pfützen und Schlaglöcher, Hose und Schuhe sind matschbraun gespritzt. Das wäre nicht so schlimm, stünden da vorne nicht drei dunkle Gestalten mit Schnellfeuerwaffen in der Hand. Dem ersten kann der Fahrer noch ausweichen, dem zweiten auch, der dritte aber springt ihm direkt vor das Rad und richtet die Waffe auf ihn. »Durchfahrt verboten«, schreit der Angreifer. Er ist keine vierzehn Jahre alt. Das sei doch noch nie so gewesen, entrüstet sich der alte Mann. »Von heute an ist es verboten. Du musst zahlen.« Ende der Diskussion. Die Tageseinnahmen sind weg und auch ein paar Zigaretten. Dafür darf der Mann mit dem Fahrradtaxi weiterradeln. »Dieser Scheiß-Kongo«, sagt er leise.

Dies ist Kisangani, mitten im kongolesischen Dschungel. Gäbe es in dieser Stadt eine Polizei, dann wären die Straßenräuber mit den versteinerten Bubengesichtern ihre Beamten. An jeder Ecke stehen die Kinder, mit Kalaschnikows im Anschlag, Zigaretten im Mund und oft auch Bierflaschen in der Hand. Für die sechshundertfünfzigtausend Einwohner gibt es auf dem Landweg vor ihnen kein Entkommen. Die nächste große Ortschaft liegt mehrere hundert Kilometer entfernt und im angrenzenden Urwald gibt es nicht nur Pest, Ebola, Cholera, Malaria und Typhus, dort bekriegen sich auch Dutzende verfeindeter Rebellentruppen und Armeen. Wer in die Stadt hinein- oder aus ihr hinauswill, muss fliegen.

Es ist nicht einfach, in Kisangani nach Menschen zu suchen, die einem das Leben in diesem Urwaldgefängnis beschreiben können. Schon nach wenigen Schritten in der Stadt wird man von Mitarbeitern des Geheimdienstes abgefangen und ins Hauptquartier gebracht. Die Einreiseerlaubnis in den Kongo, die zweihundertfünfzig Euro gekostet hat, sei in Kisangani nicht gültig, sagt der Geheimdienstchef. Er ist um die dreißig und sitzt in einem Büro, in dem es außer Moskitos, Spinnweben, drei Plastikstühlen und einem leeren Tisch nichts gibt. »Sie brauchen eine neue Erlaubnis und außerdem einen Aufpasser, damit wir wissen, was Sie machen.« Der Mann müsse natürlich bezahlt werden, »und zwar bei mir«. Und noch etwas: »Beim ersten Foto, das Sie machen, werden Sie eingesperrt.«

Zwar lässt sich der Aufpasser nicht blicken, dennoch wird man von Kindersoldaten oder anderen Spitzeln beobachtet. Sieht man sich die zugewucherten belgischen Kolonialvillen an, die vor sechzig, siebzig Jahren gebaut wurden, dann möchte man fast meinen, der Dschungel wolle verdecken, was den Bewohnern Kisanganis angetan wird. Die meisten Holzdächer sind eingestürzt, die Wände sind löchrig, feucht, schwarz oder voll von grünem Moos. Äste und Blätter tropischer Pflanzen zwängen sich durch Mauerrisse und verrottete Jalousien, Bananenstauden wachsen in ehemaligen Wohnzimmern. Und jedes dieser Häuser ist voll von Menschen, sie sitzen vor Lagerfeuern, rösten sich Maiskolben oder trinken heißes Wasser.

Am Kongo-Fluss liegt die graue Kathedrale mit dem neuen Blechdach, dahinter die katholische Mission. Hier kommt kein bewaffnetes Kind hinein, dieser Ort gilt als der sicherste Platz in Kisangani. Im Juni 2000 haben sich Hunderte von Menschen in den Räumen der Kirche versteckt. Sechs Tage dauerten die Gefechte zwischen den verfeindeten Kongo-Besatzern Ruanda und Uganda, danach waren sechshunderteinundzwanzig Zivilisten tot und zweitausendeinhundert verletzt. »Bei uns hat nicht nur der Stadtchef Schutz gesucht, auch Offiziere der ruandischen und der ugandischen Armee sind vor den Kämpfen zu uns geflohen«, erzählt der Chef der Mission, Père Aurelio, »die lagen vor Angst unter den Tischen und haben miteinander geredet. Als der Angriff vorbei war, sind sie rausgerannt und haben sich wieder gegenseitig beschossen. Dieser Krieg ist total verrückt.« Auf der Kommode in Aurelios Büro sind Bombensplitter und Teile von Mörsergranaten aufgereiht wie schmückende Staubfänger. Sie haben damals das Kirchendach zerstört. Später trifft die Nachricht ein, zwei belgische Nonnen seien von Unbekannten ausgeraubt und mit Gewehrkolben bewusstlos geschlagen worden. »Es wird immer schlimmer«, sagt der Pfarrer, dann rennt er aus seinem Büro.

Wer die Nonnen überfallen hat, kann nur vermutet werden. Die einzigen Menschen, die in Kisangani Waffen haben, sind Mitglieder einer Rebellentruppe, die sich RCD nennt. Zwar hat im Sommer 2000 die ruandische Armee die Schlacht um Kisangani gewonnen, zwar steht seitdem das ugandische Militär hundert Kilometer vor der Stadt, aber auch Ruandas Soldaten haben sich auf Druck der UN aus dem Ort zurückgezogen. Was kein Problem war. Das kleine Nachbarland kontrolliert Kisangani weiterhin – durch die RCD. Sie wird von kongolesischen Tutsi geführt und erhält ihre Befehle aus der ruandischen Hauptstadt Kigali.

Wie mächtig die RCD-Rebellen sind, zeigt sich, wenn man einen ihrer Chefs besucht. Dechuvi Ngz'ks lebt in einem der besseren Häuser der Urwaldstadt. Schwarzer Schimmel frisst das längst verblichene Ocker von der Wand, Wasser tropft durch die Decke und auf der Kommode stehen ein Jesusbild und ein schwarzes Telefon. Die Kabel enden auf dem Fußboden. »Fragen Sie mich nicht nach der Situation in Kisangani«, sagt der kleine Mann, »sonst bekomme ich Probleme.« Bei diesem Satz zieht er sich die flache Hand quer über die Gurgel. Nicht mal ein Rebellenchef traut sich also, offen über die Herrschaft der Ruander zu sprechen. »Zitieren Sie mich bloß nicht«, sagen auch andere Stadtbewohner, oder: »Sagen Sie niemandem, dass Sie bei mir waren.« Aber je mehr Menschen man trifft, je mehr man ihnen Verschwiegenheit garantiert, desto häufiger hört man dieselbe Botschaft: Die Ruander plündern die Region aus.

Warum Ruander und Ugander ein so großes Interesse an Kisangani haben, sieht man im Stadtzentrum. Hier gibt es einen Diamantenladen neben dem anderen. Die Fassaden sind bunt und frisch gestrichen, die meisten Geschäfte jedoch geschlossen. »Wir bekommen fast keine Edelsteine mehr«, sagt ein kongolesischer Händler, der den Fremden ins Hinterzimmer führt, um nicht mit ihm gesehen zu werden. Draußen im Urwald gebe es einige der ergiebigsten Diamantenminen Afrikas, deshalb kämpfe dort jeder gegen jeden, erklärt er. Die Schatzsucher kämen aber seit einiger Zeit nicht mehr bis in die Stadt, die Steine würden ihnen schon im Dschungel von den Rebellen und Soldaten abgenommen. Diese schmuggeln die Edelsteine nach Schilderung des Mannes dann in ihren Mägen und Därmen nach Ruanda oder Uganda. Von dort geht es über Urlaubsparadiese wie Mauritius weiter in die belgische Diamantenstadt Antwerpen und irgendwann hängen die fein geschliffenen Steine dann an den Hälsen amerikanischer oder europäischer Frauen.

Kisangani könnte nicht nur durch die Diamanten eine reiche Stadt sein, in der die Menschen genug Arbeit finden. Der Boden ist fruchtbar, hier wachsen Baumwolle, Mais, Weizen, Reis, Mangos, Erdnüsse, Tee, Kaffee und Maniok. Doch die Felder können wegen des Krieges nicht mehr bestellt werden, das Welternährungsprogramm der Vereinten Nationen lässt Lebensmittel einfliegen. Auf dem Marktplatz der Stadt, wo sich früher die Menschen drängten, sieht man heute nur noch fast leere Stände und wenige Kunden. Es gibt ein paar Maiskolben, Bananen und Erdnüsse zu kaufen. »Wir haben kein Geld«, sagt ein Lehrer, »wie sollen wir uns Bananen leisten können? Die kosten heute dreimal so viel wie früher.«

Über das Leben in Kisangani möchte der Mann nicht mehr sagen. »Das ist viel zu gefährlich«, erklärt er, außerdem werde es jetzt dunkel, »ich möchte vor Sonnenuntergang zu Hause sein.« Alle Bewohner würden dann in ihren Häusern und in den vielen Holzhütten, die zwischen den zerfallenen Kolonialvillen stehen, verschwinden. »In der Nacht gibt es die meisten Überfälle«, sagt der Lehrer, »die nehmen dir sogar noch das Wenige weg, was du hast.« Eine Schande, wie er findet. »Wenn du eine Waffe hast, kannst du dir in Kisangani alles erlauben.«

Nicht alle Menschen flüchten vor der Dunkelheit. Im griechischen Lokal trifft man diejenigen, die genügend Geld haben, um sich ein Bier zu kaufen. Einen Euro kostet die Flasche Primus. Das Bier wird in einer der letzten noch funktionierenden Firmen in Kisangani gebraut. Auf der Terrasse sitzen Rebellen, Mitarbeiter von ausländischen Hilfsorganisationen, Geistliche, Ärzte und Diamantenhändler. Hier reden sie darüber, dass man die Bierflasche nicht zu laut auf den Tisch hauen soll. »Die Menschen sind total traumatisiert«, sagt ein kongolesischer Arzt, der in einem Caritas-Hospital arbeitet, »die rennen davon, wenn sie einen Knall hören.« Auch gebe es heute »viel mehr Alkoholkranke als früher«. Es seien vor allem Kinder. »Sie wissen schon, die mit den Waffen, die anderen haben ja kein Geld.«

Ein Fahrradfahrer kommt vorbei, drückt einem Gast etwas in die Hand und wartet. Der Mann steht auf, nimmt eine Lupe und hält den Diamanten gegen das Neonlicht. Ein kurzes Nicken, das Geschäft ist besiegelt. Die Geistlichen und der Arzt schütteln den Kopf und reden weiter über den kongolesischen Direktor der Textilfirma, Kisanganis letzte Hoffnung. In seiner Fabrik wird noch gearbeitet, alle anderen haben aufgegeben.

Die Firma hebt sich schon optisch von der Umgebung ab. Der Rasen auf dem Gelände ist gemäht, die Fabrikhallen sind frisch gestrichen und auch drinnen findet man nirgends eine Stelle, wo Wasser durch die Decke tropft. Seit über zwanzig Jahren ist Ridja Djoza Buma Lori der Chef von Sotexki und seine Ware ist im Kongo berühmt. Frauen wickeln sich die bunten Tücher um die Hüften oder den Kopf, Rebellen laufen in Sotexki-Hemden herum und auch Pfarrer, UN-Leute oder russische Piloten kleiden sich damit ein. Früher hatte die Firma zweitausendsechshundert Angestellte und produzierte 1,6 Millionen Meter Stoff pro Monat. Heute arbeiten noch hundert Menschen hier und schaffen nur mehr ein Zehntel. »Es ist eine Katastrophe«, sagt der Chef, bald werde wohl auch seine Firma schließen müssen.

Nach Loris Worten ist nicht so sehr der Krieg das Problem, sein Geschäft werde vielmehr durch Betrug ruiniert. In seinem Büro sind viele Stoffmuster zu sehen, es hängen immer zwei gleiche nebeneinander, ein gutes und ein schlechteres Exemplar. Das gute sei aus seiner Fabrik, erklärt der Direktor, das schlechte sei eine Kopie aus China. Die gefälschten Stoffe werden von dort importiert und auch in Kisangani verkauft – zum halben Preis. Auftraggeber sollen, wie in der Stadt zu hören ist, Geschäftsleute aus dem Ostkongo sein, die mit hochrangigen RCD-Rebellen zusammenarbeiten.

Nicht nur Stoffe und Diamanten wecken die Gier. In der Nähe von Kisangani wurde vor kurzem das seltene Mineral Coltan gefunden, für das auf den Weltmärkten inzwischen mehr bezahlt wird als für Gold. Das erste Coltan-Büro ist in der Stadt schon eröffnet worden, es gehört einem Ruander.

Vor der Kirche treffen wir den Lehrer wieder, der die Dunkelheit so fürchtete. »Es darf nicht noch schlimmer werden«, sagt er, »wir leben doch schon in der Hölle.« Der Siebenundfünfzigjährige sehnt sich nach dem Tag, an dem in Kisangani die Geschäfte wieder öffnen, die Häuser wieder schön gestrichen sind und Autos wieder fahren. Es war 1995, als der Diktator Mobutu noch an der Macht war, da marschierte die kongolesische Armee in die Stadt ein und plünderte alles, was zu holen war. »Die Soldaten haben auch all die Taxis, Busse und Autos mitgenommen und sind damit so lange stadtauswärts gefahren, bis ihnen das Benzin ausging.« Seitdem steht der Schrott im Regenwald und seitdem gibt es in Kisangani Fahrradtaxis.

SZ, Seite Drei, 22.02.2001

Zimmer frei in der Hölle

Lokaltermin in einem der gefährlichsten Hochhäuser der Welt, dem Ponte-Tower in Johannesburg

Langsam wird es auch George Khoza peinlich. Er geht von einer Tür zur nächsten. Klopft. Doch es rührt sich nichts. Tock, tock, wieder nichts. Jemand blickt durch den Spion, öffnet aber nicht. Tock, tock, tock. »Die haben Angst«, sagt Khoza, »die glauben, wir wollen sie überfallen.«

Selbst ihm, dem Mann mit der blauen Uniform, dem Mann, der für die Sicherheit in diesem Haus zuständig ist, trauen die Mieter nicht. Dabei hätte man Bewohner erwartet, die vor nichts Angst haben, die mit Drogen voll gepumpt sind oder einen mit der Waffe bedrohen. Und nun das. Tock, tock. Eine Männerstimme ist zu hören. »Was wollen Sie? Ein Interview? Verschwinden Sie!« Und so geht sie weiter – die Suche nach Menschen, die vom Leben in der Hölle erzählen können.

Es hat Warnungen gegeben. »Gehen Sie nicht in den Ponte«, hieß es, der runde Wolkenkratzer im Zentrum von Johannesburg sei gefährlich, sehr gefährlich. Ein Diplomat meinte: »Nehmen Sie Polizisten mit.« Selbst der Taxifahrer heute Morgen blickte ratlos: »Sie wollen in den Ponte? Sie sind der erste Weiße in acht Jahren, den ich dorthin fahre.«

Bei der Ankunft, ganz unten, am Eingang,

drängelten sich Hunderte schwarzer Männer, kaum Frauen. Die zumeist Jugendlichen – Baseballkappe, Sonnenbrille, T-Shirt, weite Hose und dick gepolsterte Turnschuhe – schoben, drückten und gaben schroffe Sätze von sich, wenn man mit ihnen sprechen wollte oder wenn man sich ihrer Meinung nach zu langsam bewegte. Und da war auch Danie Celliers, der einzige Weiße weit und breit. Er saß in seinem Büro, graugesichtig und kettenrauchend. Für einen, der die Hölle bewohnbar macht, die über ihm hundertdreiundsiebzig Meter in den Himmel ragt, wirkte er ein wenig schmächtig. »Schön, dass Sie da sind«, sagte er, »ich kann Ihnen nur empfehlen, ein Apartment im Ponte zu mieten.«

Was für eine Begrüßung. Wenn es ein Gebäude in Südafrika gibt, das berüchtigt ist, dann dieser vierundfünfzigstöckige Betonzylinder. Zweitausendfünfhundert Bewohner gibt es, in vierhundertsiebzig Apartments, es ist der größte Wohnkomplex der südlichen Erdhalbkugel, das »angeblich gefährlichste Hochhaus der Welt«. So stand es zumindest in dem Roman »Stadt des Goldes« von Norman Ohler. Und noch etwas steht da: »Regel Nr. 1 in Ponte City: Nicht ermordet werden und in der Zwischenzeit möglichst viel Spaß haben.«

Es gibt auch eine TV-Dokumentation. »Guardians of Midnight«. Sie wurde in der Silvesternacht 2001 gedreht und zeigt Sanitäter, die angeschossene oder niedergestochene Menschen, vergewaltigte, verbrühte oder verprügelte Kinder und Frauen aus dem Ponte und den umliegenden Hochhäusern bergen. Bei all ihren Aktionen müssen die Retter selbst um ihr Leben rennen. Denn zum Jahreswechsel werden hier keine Raketen in die Luft geschossen. Sondern es werden Betten, Schränke, Kühlschränke, Mikrowellen oder Fernseher aus den oberen Etagen auf die Straße geworfen. Da ist es kein Wunder, dass der Ponte von den meisten Südafrikanern als das inoffizielle Wahrzeichen von Johannesburg bezeichnet wird, als Symbol für das gewalttätige, drogenverseuchte, hochkriminelle Herz der Stadt.

Nach Regierungsangaben wurden in Südafrika 2003 knapp zwanzigtausend Menschen ermordet, das ist Weltrekord. In Deutschland, das fast doppelt so viele Einwohner hat, waren es achthundertneunundzwanzig. Unangefochten an der Spitze liegt Johannesburg, und hier wiederum ist Hillbrow führend, der Stadtteil, der angeblich die Hälfte der deutschen Mordrate fast alleine schafft und in dem der Ponte – bis auf den Fernsehturm – alles überragt.

Gebäudemanager Danie Celliers aber ist kein Mann, der Scherze macht, er meinte es ernst mit dem Wohnungsangebot. Für umgerechnet hundertzwanzig Euro bekommt man ein Zwei-Zimmer-Apartment, für fünfhundert Euro eines der fünf Penthäuser, die sich ganz oben über drei Stockwerke hinziehen und über eine Bar, einen Grillplatz und einen Weinkeller verfügen – und dazu über die beste Aussicht. Man müsse sich nur schnell entscheiden, sagte Celliers, achtzig Prozent der Wohnungen seien bereits belegt, »das ist die höchste Auslastung seit langem.«

Fünfzig Jahre ist der Mann alt, seinen Job bekam er im Frühjahr 2003. »Dem ehemaligen Hausverwalter«, sagte Celliers, »ist alles über den Kopf gewachsen. Täglich gab es Ärger – Schießereien, Drogenrazzien, Einbrüche, Vergewaltigungen, Schlägereien.« Seitdem er hier ist – er, der Weiße, der dreißig Jahre lang Polizist war, Polizist im Apartheidstaat Südafrika –, herrscht Ruhe. »Ich habe meinen Dienst quittiert und den Ponte in kurzer Zeit gesäubert. Ich weiß, wie man das macht.« Und dann sagte er noch, man solle sich erst einmal einen Eindruck verschaffen. Also schickte er George Khoza mit, einen seiner Sicherheitsleute, denn anders kommt man übers Parterre nicht hinaus.

Jeder muss sich an der Pforte melden, ob Mieter oder Besucher. Und jede mitgebrachte Tasche oder Tüte oder Pappschachtel wird überprüft. Außerdem wird jeder durch einen Plastikchip elektronisch erfasst. »Wir wissen immer, wer sich im Ponte aufhält«, sagt Khoza. »Danie hat dieses Überwachungssystem als erstes eingeführt, seitdem sind die Einbrüche drastisch zurückgegangen.« Früher gab es gut ein Dutzend Wohnungseinbrüche pro Woche, heute sind es zwei oder drei. »Das lohnt sich nicht mehr, denn die Räuber bringen die gestohlenen Fernseher oder Videorekorder nicht mehr aus dem Ponte raus.« Und warum machen viele Mieter trotzdem nicht auf, wenn man klopft? »Angst verschwindet nicht so schnell. Der Ponte hat nun mal sein Stigma.«

Ganz oben, im vierundfünfzigsten Stock, offenbart sich, was von außen nicht zu sehen ist. In der Mitte tut sich ein riesiger Hohlraum auf. Es geht hundertsiebzig Meter in die Tiefe. Es ist, als hätte dieser riesige Schlund eine Anziehungskraft, als ob es nur zu verständlich wäre, dass hier schon Dutzende von Menschen in den Tod gesprungen sind. »Die Frauen haben sich ins Innere des Turms gestürzt«, sagt Khoza, »die Männer sprangen hinaus auf die Straße. Warum, weiß keiner.« Zum Glück gibt es heute Schutzgitter in den Etagen – mit Mühe passt noch ein Kopf durch, aber ein ganzer Körper nicht mehr.

Durch das düstere Treppenhaus geht es nach unten, in den fünfzigsten Stock. Khoza klopft. Im Apartment 50.01 geht endlich eine Tür auf. Der kahl geschorene Nsimbi Buthelezi trägt Amulette um den Hals und Reifen an den Handgelenken, er lebt seit vier Jahren hier, so lange wie kein anderer. »Warten Sie kurz in meinem Wohnzimmer«, sagt der Vierzigjährige, »ich behandle gerade jemanden nebenan.« Und da es in diesem Raum außer braunen Stühlen mit violetten Bezügen und ein paar Plastikrosen nicht viel gibt, bietet es sich an, den Ausblick zu genießen.

Von hier oben erinnert Johannesburg an Manhattan. Ein Hochhaus reiht sich an das andere, viele von ihnen sind aus rotem Backstein gebaut, die Straßen rasterförmig angelegt, und auch das nicht enden wollende Sirenengeheul kommt einem aus New York bekannt vor. Hillbrow erscheint wie das pulsierende Herz einer Großstadt – würde man nicht wissen, dass die meisten Büros und Läden da unten verwaist sind, und würde man nicht erkennen, dass neben vielen Fenstern auch Türen und Mauern zu Bruch gegangen sind.

Dabei war Hillbrow einst das Paradies – zumindest, wenn es nach den Vorstellungen des Apartheidregimes ging. Hier siedelten sich Einwanderer an, die der rassistischen Burenregierung gefielen, weißhäutige Europäer und Amerikaner. Es gab das Café Wien, das Café Zürich, das

Café Berlin, die besten Diskos, die besten Partys und die besten Drogen. Wer etwas Besonderes haben wollte, der mietete sich eines der Apartments im 1976 fertig gestellten Ponte, der von dem Architekten Rodney Grosskopff für die weiße Oberschicht gebaut worden war. Er war ein Symbol für die »Weltklasse-Stadt« Johannesburg.

Doch der Niedergang ließ nicht lange auf sich warten. Zum einen gab es in den achtziger Jahren bei Unternehmern den Trend, die Büros und Geschäfte reihenweise aus dem Zentrum hinaus in den grünen Gürtel der Stadt zu verlegen. Plötzlich standen viele Räume leer. Zum anderen entwickelte sich in Hillbrow die erste so genannte »graue Zone«. Immer mehr schwarzweiße Paare kamen in diese Gegend, gemischte Liebespaare, die von den Rassengesetzen verboten waren. Gegen Ende der Achtziger und vor allem in den Neunzigern wurde der Stadtteil dann von afrikanischen Immigranten aus Nigeria und Kongo förmlich überschwemmt.

Als Nelson Mandela 1994 Präsident wurde, kamen noch mehr. Mandela stand bei all den afrikanischen Staaten in der Pflicht, die während der Apartheid seinen Mitstreitern Zuflucht gewährt hatten. Es wurde nichts gegen den Zustrom unternommen. 1998 lebten mehrere Zehntausend Nigerianer in Hillbrow, in einer Gegend mit insgesamt vielleicht hunderttausend Bewohnern. Zur völligen Anarchie kam es, als sich auch noch die Paten des Organisierten Verbrechens ansiedelten, Drogenbarone, Mädchen- und Kinderhändler. Hier waren sie nahezu ungestört, weil sich auch ein Teil der Polizisten an den Geschäften beteiligte. Die schlecht bezahlten Beamten wurden gekauft mit kostenlosen Bordellbesuchen, mit Geld, mit Kokain. So lag Hillbrow plötzlich danieder, so bekam der Stadtteil seinen Spitznamen »Little Lagos«.

»Toller Ausblick, was?«, sagt Nsimbi Buthelezi, der nach gut einer Stunde mit seiner Behandlung fertig ist. »Doch bevor wir das Gespräch beginnen, muss ich meine Knochen befragen, ob unsere Kräfte harmonieren.« Er geht in einen Nebenraum, der voll gestopft ist mit Pfeilen, Fellen, Häuten, Kalebassen, Speeren und Altären – einer davon mit der Jungfrau Maria und vielen Kerzen. »Sie haben Glück«, sagt der traditionelle Heiler, nachdem er seine Knochen geworfen hat, »ich darf mit Ihnen reden.« Dann beginnt Buthelezi seine Geschichte: »Ich bin aus Soweto. Ich wollte nach Durban, aber meine tote Mutter ist mir im Traum erschienen und sagte: ›Sohn, geh nach Hillbrow, in den Ponte.‹« Deshalb hat Buthelezi im fünfzigsten Stock seine Praxis eröffnet, deshalb ist er trotz des Irrsinns immer noch hier. »Es hätte wirklich einfachere Orte gegeben.«

Als der Heiler hier einzog, befand sich das Hochhaus gerade in der übelsten Phase. Dauernd rückte die Polizei an, teilweise um vier Uhr morgens, schwer bewaffnet, mit zweihundert Mann. Die Beamten stürmten ein Apartment nach dem anderen, auf der Suche nach Kokain, Heroin oder Crack, um Kinder zu befreien, die als Sexsklaven gehalten wurden, um Waffenlager auszuheben oder um diejenigen zu ergreifen, die gerade einen ihrer Kollegen erschossen hatten. Selbst wenn die Polizei nicht stürmte, gab es Schießereien. Manche Mieter haben ihre Wohnungen wochenlang nicht verlassen, vor allem Ältere nicht, denen das Essen von mutigen Lieferanten gebracht wurde.

Auch Buthelezi zögerte in den ersten Jahren immer wieder, noch mal zum Einkaufen rauszugehen – nicht wegen der Gefahr, sondern weil die Aufzüge fast nie funktionierten oder sich in hundertsechzig Metern Höhe die Lifttüren öffneten, ohne dass dahinter eine Kabine war. »Sind Sie schon mal fünfzig Stockwerke runter- und wieder hochgelaufen? Da überlegen Sie sich sehr gut, ob Sie noch Tee oder Milch brauchen.« Am schlimmsten aber sei der Gestank gewesen, der Geruch von verwestem Fleisch, verfaultem Obst, verrottetem Müll. »Viele Mieter sind zu faul, ihren Dreck zu den Abfallschächten zu bringen. Sie werfen ihn einfach in die Mitte des Turms.«

Seitdem Danie Celliers das Haus verwaltet, kommt jeden Morgen ein Angestellter und räumt den Müll weg, das war früher nicht so. Deshalb kann jeder, der wie Buthelezi seit längerem hier wohnt, einem noch heute die eingefärbte Kante im Inneren zeigen, bis zu der sich der Abfall getürmt hatte: drei Stockwerke hoch, drei Stockwerke voller Müll, Ratten, Kakerlaken, Würmern, Viren und Bakterien. Heute, nachdem der Dreck weggeschafft wurde, sieht der Grund immer noch wie eine Mülldeponie aus, eine geräumte zwar, aber meterhoch wölbt sich ein stinkender Erdhaufen. »Das könnte schöner aussehen«, sagt Buthelezi, »aber seitdem Danie hier ist, leben wir im Himmel.«

Auch andere Mieter schwärmen vom neuen Hausverwalter. Simon Busani Mhalemi zum Beispiel, der seit einem Jahr im vierunddreißigsten Stock wohnt. In seinem Apartment stapelt er Eier, Brot, Zigaretten, Tee, Nescafé, Klopapier, Margarine und Käse. Außerdem hat er eine Telefonzelle eingerichtet, Dutzende von Menschen drängen sich in seiner Wohnung. »Danie hat mir die Erlaubnis für den Kiosk gegeben«, sagt der Dreiunddreißigährige, »jetzt müssen die Bewohner nicht mehr nach unten.« Drei Türen weiter wohnt der einundzwanzigjährige Garth Hlatshinayo. Auch er ist zufrieden. »Ich wollte schon immer hoch hinaus. Wer hat schon ein Zimmer mit solch einem grandiosen Ausblick?« Und auch im Lift kann man Mitfahrende befragen, spätestens nach dem dritten Satz heißt es, der Ponte sei »cool« oder »der beste Platz zum Leben«. Von Gefahr, Drogen, Bordellen oder Kriminellen erzählt niemand mehr etwas.

Nun könnte man meinen, dass ein Mann wie der ehemalige Apartheidpolizist Celliers mit brutalen Methoden gegen das Verbrechen vorgegangen ist. Aber es war anders. »Ich habe der Sicherheitsfirma, die den Ponte bewacht hat, gekündigt und den neuen Wachmännern die Pistolen weggenommen«, sagt er. »Waffen ziehen Probleme magisch an.« Außerdem fand ein radikaler Mieterwechsel statt. Früher lebten hier zu siebzig Prozent Immigranten aus afrikanischen Staaten. Doch das Verhältnis hat sich umgedreht, die meisten sind nun südafrikanische Studenten, die Uni ist nur ein paar Minuten entfernt. »Wer keine ordentlichen Papiere hat oder wer die Miete nicht zahlt, fliegt raus.«

Am verblüffendsten aber war Celliers Schlag gegen die Drogenmafia, die sich im Hochhaus festgesetzt hatte. »Wir fanden heraus, dass das Kokain in den Belüftungsrohren versteckt wurde.« Die Polizei hat die Pulverpakete einfach mitgenommen. »Wir haben denen das Geschäft zerstört, ohne mit ihnen in Kontakt zu treten. Die sind freiwillig ausgezogen.« Und mit den Dealern gingen die Menschenhändler und Zuhälter – es lebt sich offenbar nicht besonders angenehm unter permanenter Überwachung.

So wie jeden Tag kommt auch heute ein Polizist mit kugelsicherer Weste in Celliers Büro vorbei und erkundigt sich, ob alles in Ordnung sei. Und auch wenn der Beamte keine Interviews geben darf, sagt er, dass der Ponte sauber sei. »Aber in Hillbrow tobt immer noch der Irrsinn, Kokain, Crack, Raubüberfälle, Mord, Totschlag, Menschenhandel, Prostitution – alles, was Sie wollen.«

Dann erzählt der Mann – weiß, muskelbepackt, Spiegelbrille –, dass der benachbarte Stadtteil Newtown ähnlich berüchtigt war wie Hillbrow und nun einer der beliebtesten Treffs in Johannesburg ist. Weil es dort nicht nur mehr Polizisten und Überwachungskameras gibt, sondern auch die vor kurzem eingeweihte Nelson-Mandela-Brücke, über die die Besucher nun dorthin kommen können – früher mussten sie durch gefährliche Stadtteile fahren. In Newtown sei die Kriminalität um neunzig Prozent zurückgegangen, sagt der Beamte, in Hillbrow werde bald Ähnliches geschehen. »Der Stadtteil muss zur Ruhe kommen« – auch, weil hier die größte Fußballarena Johannesburgs steht, das Ellis Park Stadion, in dem 2010 Spiele der Weltmeisterschaft stattfinden werden. »Können Sie sich vorstellen, dass Zehntausende von Fans aus aller Welt sich mit diesen Irren da draußen rumschlagen wollen?«

Da die WM aber noch weit weg ist, drängt sich eine andere Frage auf: Was geschieht an Silvester?

Was macht Danie Celliers mit Mietern, die der Tradition folgen und ihre Kücheneinrichtung aus dem Ponte schmeißen? Wirft er sie dann auch auf die Straße? »Das wird nicht nötig sein«, sagt der Gebäudemanager, »schon an Silvester 2003 ging hier keine einzige Scheibe zu Bruch. Nur draußen, vor der Tür, da war der Teufel los.«

SZ, Seite Drei, 31.12.2004/01.01.2005

Eisiges Schweigen im Präsidentenpalast

Liberia ist weiterhin eines der traurigsten Beispiele dafür, wie eine Bande von Kriegsverbrechern wütet

Bevor es zum Präsidenten geht, bleibt noch ein wenig Zeit. Und auch wenn der Taxifahrer nicht so aussieht, wie man sich das wünscht, Solomon Roberts ist der Einzige, der auf die Schnelle ein Auto auftreibt und nur zehn Dollar will. Es ist ja schon ungewöhnlich genug, dass Roberts bei fünfunddreißig Grad im Schatten und neunzig Prozent Luftfeuchtigkeit eine Pudelmütze trägt, aber ansonsten – bis auf eine zerrissene Jeans – nackt ist. Viel beunruhigender aber ist, dass der Neunzehnjährige zum einen keinen Führerschein und zum anderen die Patrone eines Schnellfeuergewehrs hinter sein rechtes Ohr geklemmt hat. »Mach dir keine Sorgen«, sagt der junge Mann, der vor ein paar Minuten noch an einer Straßenkreuzung herumgelungert ist, »mit mir kommst du gut durch Monrovia.« Und schon beginnt er mit einem verrosteten Toyota Corolla seinen Slalom durch die vielen Straßensperren.

Die Hauptstadt Liberias sieht besser aus als erwartet. Die meisten Häuser sind dunkelgraue, feuchte Betonruinen ohne Fensterrahmen und Türen. In den palmengesäumten Straßengräben brennen Müllberge und in den überquellenden Abflusskanälen stehen Schweine in Altöl und schwarzem Schlamm und suchen nach irgendetwas zu fressen. Aber bei einer Stadtrundfahrt fällt zumindest nicht auf, dass es in dieser verrotteten Hafenstadt keinen Strom gibt, dass die Telefone nicht funktionieren und dass nirgends Wasser aus den Hähnen kommt.

Und außerdem sind – bis auf Tausende von Einschusslöchern in Häuserwänden – fast keine Spuren des Horrors zu erkennen, der sich früher hier abgespielt hat, im Bürgerkrieg von 1990 bis 1997. Als die Köpfe der getöteten Feinde entlang der Straßen auf Pfähle gespießt waren, als die Seile der Straßensperren mitunter aus menschlichen Därmen geflochten waren und als die Hafenstadt voller enthemmter Kinder war. Sie steckten in Hochzeitskleidern, Donald-Duck-Masken, Priestergewändern oder Tierfellen und richteten ein Blutbad an, das seinesgleichen nicht kannte. Der liberianische Bürgerkrieg war ein Krieg weniger Erwachsener, die Zehntausende von Kindersoldaten befehligten. Die mit Kokain und Crack voll gepumpten Jungen und Mädchen, die aus ihren Elternhäusern entführt worden waren, hatten in der einen Hand oft noch ihre Teddybären und in der anderen die Kalaschnikow.

Liberia hat sich vom Irrsinn der neunziger Jahre nicht erholt. Seit drei Jahren herrscht wieder Krieg, und das Land ist weiterhin eines der traurigsten Beispiele dafür, wie sich eine Bande von Kriegsverbrechern die Macht erkämpft und die Bewohner des Landes und der Nachbarländer in die Hölle schickt. Die Zeitschrift *Economist* verlieh dem westafrikanischen Staat für das Jahr 2003 den Titel »Schlimmstes Land der Welt«. Denn Liberia ist für den Kriegs- und Elendskontinent Afrika ein Schandfleck. Selbst in Somalia, Sierra Leone oder Angola ist die Lebensqualität besser als im Reich des Präsidenten Charles Taylor.

»Du hast Glück, dass du jetzt erst kommst«, sagt Taxifahrer Roberts. Vor ein paar Monaten sei die Stadt noch voll von Taylors Jugendmilizen gewesen, sie hätten jeden Fremden festgenommen und ihm dann »den letzten Tropfen Blut ausgequetscht«. Mit etwas Glück, so Roberts, »warst du nur dein Geld und deinen Ausweis los, wenn du Pech hattest, sperrten sie dich wochenlang ein«. Heute aber sind diese Einheiten fast nirgends mehr zu sehen. Es sind überhaupt nur wenige Menschen unterwegs. Selbst der Markt wirkt leer. Es gibt fast nichts zu kaufen, ein paar Bananen, Mais, Brot und Erdnüsse, der Fisch, der nur ein paar Meter von hier entfernt aus dem Meer gezogen wird, stinkt so, als liege er schon tagelang in der Sonne. Ein Händler, der sich als Patrick Garleh vorstellt, erzählt, dass fast niemand mehr Geld hat. »Die Regierung bezahlt ihre Angestellten seit zwei Jahren nicht und auch die Soldaten bekommen keinen Sold.« Das sei auch der Grund dafür, warum Tausende von Taylors Kämpfern zu zwei Rebellengruppen übergelaufen sind. Eine davon ist nur noch zwanzig Kilometer von der Stadt entfernt. Deshalb musste der Präsident auch seine Jugendmilizen größtenteils aus Monrovia abziehen und an die vielen Frontlinien schicken.

Dass aber auch von den beiden Rebellengruppen keine Hoffnung ausgeht, zeigt die Tatsache, dass sie genauso brutal gegen Zivilisten vorgehen wie Taylors Truppen. Dreihunderttausend Liberianer, das sind mehr als zehn Prozent der Bevölkerung, sind durch den Krieg in die Flüchtlingslager der Nachbarländer getrieben worden, allein in den vergangenen Tagen sollen wieder mehrere Tausend Zivilisten die Flucht ergriffen haben. Viele der Flüchtlinge erzählen, dass nicht nur Taylors Truppen, sondern auch die Rebellen morden und vergewaltigen, Kinder als Kämpfer rekrutieren und alles rauben, was mitzunehmen ist – selbst die klapprigen Holztüren von Lehmhütten. Was sich im Landesinneren von Liberia abspielt, kann nur erahnt werden. Nachdem mehrere Mitarbeiter internationaler Hilfsorganisationen ermordet wurden, traut sich niemand mehr dorthin.

Dabei hatte mit Liberia alles so gut angefangen. Es waren Amerikaner, angetrieben vom Glauben an Menschenrechte und Nächstenliebe, die diesen Staat geschaffen haben. Sie kauften den hier lebenden Völkern 1821 für ein bisschen Tabak und Schnaps das Land ab und siedelten freigekaufte US-Sklaven an, damit sie in der Heimat ihrer Vorfahren eine neue, freie Existenz gründen konnten. Das taten diese auch – nur anders, als sich das die Förderer gedacht hatten. 1847 riefen die ehemaligen Sklaven die unabhängige Republik Liberia aus und kopierten das System ihrer früheren Unterdrücker. Sie stolzierten mit weißen Perücken und Südstaatentracht durch Monrovia, das sie nach dem amerikanischen Präsidenten James Monroe benannt hatten, versklavten die hier lebenden Völker und rissen bis 1980 alle Macht an sich.

Ein Putsch des achtundzwanzigjährigen Analphabeten Samuel Doe beendete die Herrschaft der so genannten Congos und ihres damaligen Präsidenten William Tolbert. Dieser wurde von Doe im Schlaf überrascht und mit einer Machete in Stücke geschlagen. Does Herrschaft, die von

Korruption und Chaos geprägt war, dauerte zehn Jahre und er bekam von der damaligen US-Regierung unter Ronald Reagan Millionen Dollar an Hilfe, weil er im Tarnanzug und mit Ray-Ban-Sonnenbrille gerne von Demokratie und Menschenrechten sprach und ein enger Alliierter im Kalten Krieg war. Dann wurde Doe ermordet. Seine Schlächter unter Anführung des Rebellenchefs Prince Johnson schnitten ihm beide Ohren ab, prügelten und kastrierten ihn und filmten dann stundenlang seinen Todeskampf – das Video gibt es heute noch in Monrovia zu kaufen.

Nach Does Tod versank Liberia im Bürgerkrieg. Als Sieger ging Charles Taylor hervor, Tankstellenwart, Ökonomie-Student in Boston und Gefängnisausbrecher in Massachusetts. Dort saß er wegen Betrugs. Taylor und seine kindlichen Killer gingen so brutal gegen Zivilisten vor, dass er 1997 die Wahl mit 75,33 Prozent der Stimmen gewann. Der im ganzen Land verbreitete Slogan der Wähler war: »Du hast meinen Pa getötet, du hast meine Ma getötet. Ich stimme für dich« –, weil jeder wusste, dass das Gemetzel weitergehen würde, wenn der Rebellenführer nicht gewinnt.

Kurz bevor man Taylors Palast erreicht, kommt man am Justizministerium vorbei, auf dem in großen Lettern »Tempel der Gerechtigkeit« steht. Davor patrouillieren zwei Geländewagen, deren Ladeflächen mit Jugendlichen voll bepackt sind. Sie haben sich Piratentücher um den Kopf gewickelt, tragen Spiegelbrillen und umklammern ihre Gewehre. Vor Taylors Regierungssitz hingegen – einem grauen, bemoosten Plattenbau – sind keine Wächter zu sehen. Und auch innen wirkt das düstere, holzvertäfelte Gebäude ziemlich verlassen. Auffallend ist nur, dass in einem der oberen Stockwerke die Bilder aller früheren Präsidenten in goldenen Bilderrahmen aufgehängt sind – als wollte Taylor wie ein Jäger erlegte Trophäen präsentieren.

Dass wir überhaupt in den Palast vorgelassen werden, liegt daran, dass der Hochkommissar des UN-Flüchtlingshilfswerks, Ruud Lubbers, zu Besuch in Monrovia ist und eine Hand voll Journalisten ihn begleitet. Für den früheren niederländischen Premierminister ist Liberia das »Epizentrum der Krise in Westafrika«. Wenn sich die Lage in diesem Land nicht beruhigt, so Lubbers, »droht der Region die Katastrophe«. Denn der liberianische Bürgerkrieg hat längst wie ein Krebsgeschwür auf die Nachbarländer übergegriffen. Auf Sierra Leone, auf Guinea und seit Dezember 2002 auch auf die Elfenbeinküste. Im Westen dieses Landes morden, vergewaltigen, plündern und bekämpfen sich liberianische Regierungs- und Rebellengruppen.

Lubbers wird später von seinem Erlebnis in Taylors Palast sagen, dass er nicht genau wusste, was er tun sollte: sofort aufstehen und den Saal unter Protest verlassen – oder Ruhe bewahren und sitzen bleiben. Denn das Treffen mit dem Präsidenten war der einzige Grund, warum er nach Liberia gekommen war, er wollte ihn auffordern, endlich den Krieg zu beenden und Lösungen für die Flüchtlingskrise zu präsentieren.

Taylor aber erscheint nicht. Stattdessen sitzen der Gesundheitsminister, der Minister des Kabinetts und der stellvertretende Außenminister am Tisch, und der Kabinettschef sagt, dass der Präsident zwar da sei, aber »leider Wichtigeres zu tun hat«. Danach führt er wortreich aus, dass Liberia dringend Krankenwagen brauche und auch so viel finanzielle Hilfe wie möglich, deshalb sei es gut, dass Lubbers hier sei. »Fünfundneunzig Prozent der Menschen leben unterhalb der Armutsgrenze.« So geht das eine Weile, bis der UN-Mann die Geduld verliert. Lubbers bebt förmlich, als er sagt: »Wenn der Präsident Wichtigeres zu tun hat, muss ich das akzeptieren, das ist sein Recht. Aber überbringen Sie ihm meine Botschaft: Sie ermorden Ihr eigenes Volk. Das muss sofort aufhören. Die Zeit des Verhandelns ist vorbei.« Danach herrscht für einige Sekunden eisiges Schweigen, bis der Kabinettsminister mit einem Lächeln und ruhiger Stimme erwidert: »Es ist eine Realität, dass die Realität eine Realität ist.« Kurz darauf ist das Schauspiel vorbei.

Lubbers ist durch diesen Eklat so erzürnt, dass er später die Entmachtung des liberianischen Diktators fordert. »Meine Präferenz ist, dass man Taylor zum Rücktritt zwingt.« Ansonsten gebe es keinen Frieden für Liberia. Ein ziemlich deutlicher Satz für einen UN-Vertreter.

Wie lange sich der liberianische Staatschef noch an der Macht halten kann, ist nicht nur wegen des Vormarschs der beiden Rebellengruppen ungewiss. Die Vereinten Nationen drohen zudem an, die Sanktionen weiter zu verschärfen. Es gilt bereits jetzt ein weltweites Handelsverbot mit Waffen und Diamanten aus Liberia, außerdem wurde ein Reiseverbot für Regierungsangehörige verhängt und nun steht die Entscheidung an, ob auch der Export von Edelhölzern, eine der Haupteinnahmequellen des Landes, nicht mehr erlaubt sein soll.

Dem Präsidenten aber wird so schnell das Geld nicht ausgehen, Taylors Privatvermögen wird auf bis zu drei Milliarden US-Dollar geschätzt. Er verdient nicht nur am Export von Tropenholz, der dazu führte, dass riesige Landstriche Liberias kahl geschlagen sind. Er war auch jahrelang der Hauptprofiteur des illegalen Diamantenhandels aus Sierra Leone, wo er die dortigen Rebellen kontrollierte. Außerdem hat er immer noch gute Kontakte zu Libyens Staatschef Muammar al Gaddafi, der ihn militärisch ausgebildet hat, sowie zum Präsidenten Burkina Fasos, Blaise Compaore, mit dem er seit Jahren Waffen und vermutlich auch Drogen über Liberia schmuggeln lässt. Und Taylor schöpft auch ansonsten jede Möglichkeit aus, seinen privaten Reichtum zu vergrößern. In Monrovia wird die Geschichte der Diplomatengattin erzählt, die mit ihrem Mann in den Präsidentenpalast eingeladen war und dort ihre zwei Wochen zuvor gestohlenen Wohnzimmermöbel wiederentdeckte.

Aber Taylor verfügt auch über ganz legale Einkommensquellen, was der Besuch im Hafen Monrovias zeigt. Lediglich ein Frachtschiff ankert am Kai, im Wasser liegt das Wrack eines riesigen russischen Transportschiffs. Daneben stapeln sich Dutzende Container und Hunderte Stämme der teuersten Bäume der Welt. Überall zwischen den vielen Abfallbergen tummeln sich Versehrte des Krieges, denen ein Bein oder ein Arm fehlt oder deren Oberkörper mit Narben von Schnittwunden übersät sind. Es ist das erste Mal, dass Taxifahrer Roberts sagt, es sei besser, hier nicht auszusteigen – und er fährt weiter. »Wenn die Hafenwärter uns sehen, gibt's Probleme. Niemand soll wissen, was hier passiert.«

Zumindest aber bleibt der Eindruck zurück, dass Monrovias Hafen ziemlich erbärmlich aussieht angesichts der Tatsache, dass Liberia über die weltweit zweitgrößte Flotte an Schiffen verfügt, die unter so genannten Billigflaggen fahren. Die größte Nachfrage für solche Flaggen kommt aus Deutschland, weil man auf diese Weise keine Steuern und keine Sozialabgaben zahlen muss und auch sonst so gut wie keiner Kontrolle unterliegt. Mehr als vierhundert deutsche Schiffe zählt das liberianische Flaggenregister, das ist rund ein Drittel der Flotte. Die Taylor-Regierung verdient mit dem Verkauf der Flaggen geschätzte dreißig Millionen US-Dollar im Jahr. Es ist kein Geheimnis, dass der Präsident damit auch den Krieg gegen sein eigenes Volk finanziert.

Es geht weiter zum Flughafen. Taxifahrer Roberts will nicht erzählen, was er in den vergangenen Jahren gemacht hat, ob er Kindersoldat war und warum er von Taylors Truppen nicht eingezogen wird. Er sagt nur, dass zwei seiner Brüder und seine Eltern getötet worden sind und es Zeit sei, dass die Welt endlich eingreife. Und natürlich sollten dies die Vereinigten Staaten machen. »Wir sind doch alle kleine Amerikaner. Amerika hat unser Land erschaffen. Die können uns jetzt nicht im Stich lassen, die müssen Truppen schicken.«

Ein ziemlich weltfremder Wunsch, vor allem nachdem die USA alle amerikanischen Staatsbürger aufgefordert haben, Liberia zu verlassen. Doch UN-Mann Lubbers fordert das Gleiche, nur mit anderen Worten. Amerika, sagt er, habe durch Liberia eine besondere Rolle in Westafrika bekommen. Dass sich die USA im Kampf gegen Diktatoren nur auf Jugoslawien oder den Irak konzentrierten, sei zu selektiv. »Wenn man es ernst meint mit der Demokratie im Rest der Welt, dann muss man das auch in Westafrika ernst meinen.«

SZ, Seite Drei, 28.05.2003

Hoffnung ist ein blauer Stein

Auf Madagaskar wühlen sich Zehntausende durch die Erde – sie suchen Saphire

Man will wirklich nicht weiter rein. Noch tiefer in den Dreck, den Kot, den Müll, wo sich Ratten jagen und Kinder in Abfallbergen spielen. Wo Tausende von schwitzenden Menschen sich drängeln, anschreien und anrempeln. Doch es hilft nichts, wer zum Fluss will, muss zu Fuß weiter. Durch bestialischen Gestank hindurch, vorbei an meterhohen Sandbergen, Schilfhütten, Bretterverschlägen und Plastikzelten. Vorbei an all den Menschen in Ilakaka im Süden Madagaskars.

Einer von ihnen ist Donne, er hat keinen zweiten Namen, im Ausweis steht nur Donne. Der kleine Mann schwitzt und keucht und stöhnt und zieht einen Sandsack hinter sich her. »Komm endlich«, ruft er seinem Sohn zu, doch dem Kleinen rutscht dauernd die Hose über den Hintern, das behindert nun mal beim Gehen. Und auch wenn man über diese sich plackende Gestalt am liebsten schmunzeln möchte, wenn man meinen könnte, sie komme geradewegs aus einer Komödie, so haben die meisten Menschen in Ilakaka den größten Respekt vor ihr. Denn Donne ist ein Held, ein Mann, der das geschafft hat, was sich die meisten hier wünschen. Der Dreißigjährige hat einen Saphir gefunden, ein riesiges Ding, so groß wie ein Fingernagel, sechs Gramm schwer und tiefblau.

Es sind diese Glücksgriffe, die Ilakaka auf Madagaskar berühmt gemacht haben. Blaue Saphire gibt es hier anscheinend viele. Als die ersten Steine gefunden wurden, war klar, dass der Ansturm groß sein würde, aber was dann kam, damit hatte keiner gerechnet. War Ilakaka zuvor ein Dorf mit zwanzig Lehmhütten und achtzig Einwohnern, so kamen innerhalb weniger Monate mehr als hunderttausend Menschen hierher. Und jeder darf schürfen, es braucht nur eine Schaufel, ein Sieb und eine Lizenz, die neunzig Cent kostet – und schon besteht die Hoffnung, reich zu werden, mit einem einzigen Edelstein ein-, zwei- oder sogar fünfzehntausend Euro zu bekommen. Ein unvorstellbares Vermögen, verdienten die meisten Neu-Schürfer zuvor doch gerade mal fünfzehn oder zwanzig Euro im Monat.

In seinem Dorf, erzählt Donne, der Glückspilz, haben früher hundert Menschen gewohnt, heute ist es weitgehend menschenleer. Die meisten sind wie er sofort losgezogen, als sie zum ersten Mal von den halbedlen Steinen gehört haben, und ließen ihre Rinder oder Reisfelder im Stich. Jeden Tag seien mehr Menschen nach Ilakaka gekommen, zu Fuß, in Minibussen, mit Esel- oder Pferdekarren. Und alle hätten zunächst wie er eine Hütte aus Schilf gebaut und am darauf folgenden Tag mit dem Buddeln angefangen. An Reis und Rinder denke heute niemand mehr.

Die weite Ebene rund um Ilakaka sieht dann auch so aus, als hätten riesige Maulwürfe das Land überfallen. Kilometerweit ist der Boden aufgerissen, Sandberge türmen sich und mittendrin stehen die Hütten der Schürfer. Im Zentrum gibt es Holzhäuser, außerhalb hausen die Menschen unter Schilf und Plastikfolie. Es gibt keine Kanalisation, kein fließendes Wasser, keine Toiletten und nur den wenigen Strom zweier kleiner Generatoren.

»Wir warten jeden Tag, dass die Cholera ausbricht«, sagt der Ortschef von Ilakaka, Fernand René. Er sitzt im blauen Plastiknetzhemd und mit einer braunen Melone auf dem Kopf in der größten Bar des Ortes. »Es ist unbeschreiblich, was sich hier abspielt«, schreit er, weil eine Popband unglaublichen Lärm produziert. Der Ort sei völlig allein gelassen, die Regierung tue nichts, es müsse eine Kanalisation her, mehr Polizei oder gleich das Militär. »Wenn das so weitergeht, gibt's bald 'ne Katastrophe.«

Vor der Bar im Zentrum Ilakakas sind vor allem jene, die ohne Graben ihr Glück finden wollen – mit dem Verkauf von Kleidern, Obst, Getränken, Radios. Es gibt Lokale, Videoshops, Ärzte, Autohändler und Hotels. Jede Menge grell geschminkter Mädchen stolzieren umher. Sehen sie Fremde, die Geld haben könnten, rennen sie in Gruppen auf sie zu. »Am Anfang ging es noch«, sagt René, »da wunderten sich die Leute, warum es hier so friedlich ist« – wo doch so viel Geld im Umlauf ist und Menschen mit Kisten voller Scheine kommen, um die Halbedelsteine zu kaufen. Heute sei das anders. »Erst gestern Abend ist ein Händler erschossen worden.« Und am Vormittag sei ein von Polizisten bewachter Geldtransport überfallen worden. »Mitten im Ort, der Fahrer konnte gerade noch den Kugeln ausweichen.«

Unten am Fluss ist es friedlicher. Die Schürfer stehen Körper an Körper im Wasser und filtern den Sand. Andere waschen sich oder ihr Geschirr. Keine zehn Meter von Donne entfernt hocken zwei Männer im Fluss und schicken ihren Kot flussabwärts. Ja, sagt Donne, als er mit bunten Steinen im Sieb ans Ufer zurückkommt, es sei ein unglaublicher Moment gewesen damals. »Du greifst in das Sieb, nimmst das Stück, hältst es in die Sonne, drehst es einmal um, zweimal, hältst es fest und machst die Augen zu.« Dann konnte er nur noch rennen – rennen, um den Saphir zu verkaufen. Beim dritten Händler hat er eingeschlagen, bei umgerechnet zwölftausendfünfhundert Euro. »Es war eine ganze Kiste voller Geld«, sagt Donne, so viele Scheine auf einem Haufen habe er in seinem ganzen Leben noch nicht gesehen gehabt. Weil er mit seinem Bruder und seinem Nachbarn gemeinsam sucht, musste er teilen, aber mehr als viertausend Euro gehörten ihm.

Auch wenn der Fund schon ein paar Monate zurückliegt, besitzt Donne noch einen großen Teil des Erlöses. »Ich bin nicht so dumm wie die meisten hier. Kaum haben die Geld, geben sie es aus.« Für Frauen, Alkohol, Radios oder Fernseher. »Die kaufen sich ein Auto und fahren es nach zwei Tagen kaputt.« Er wolle etwas von seinem Fund haben und für die Zukunft planen. »Ich habe zwei Flaschen Wein besorgt, ein Kleid für meine Frau und ein Radio für die Kinder.« Außerdem habe er sich ein Grundstück gekauft, eines, auf dem er irgendwann einmal Rinder haben möchte. Weil es aber keine Bank gibt, habe er den Rest des Geldes versteckt. Nicht einmal die Familie wisse, wo.

So viel Glück wie Donne haben nur wenige. Das sagt Jacques Ramaroson vom Bergbauministerium. Er residiert in einer Holzhütte und kontrolliert die Funde. Ein, zwei Prozent der Schürfer würden wertvolle Steine finden, der Rest grabe

Massenware aus. »Damit kann man auch fünfzig oder hundert Euro im Monat bekommen«, sagt er, und das sei weit mehr als die meisten mit Gelegenheitsarbeit verdienten. »Die Leute in Ilakaka haben schon früher Saphire und andere bunte Steine verkauft«, sagt Ramaroson, aber keiner habe gewusst, dass Edles dabei ist. Bis ein Franzose gekommen sei und den Wert entdeckt habe. »Der zahlte für die Steine auf einmal zehn oder fünfzehn Euro und wollte so viele wie möglich. Daraufhin ging der Ansturm los, den konnten wir nicht aufhalten. Wir konnten nicht Tausende von Menschen wieder wegschaffen.«

Der Staat hat deshalb zwanzig Quadratkilometer für die kleinen Schürfer freigegeben, die sie in Selbstverwaltung kontrollieren. Die Lizenzen für den Rest des riesigen Gebietes, in dem Saphire vermutet werden, hat die Regierung an Firmen aus Europa und Asien verkauft. »Die werden wohl bald kommen und das ganze Land umgraben«, sagt Ramaroson, mit Baggern und anderem schweren Gerät. »Vielleicht war die Lizenzvergabe ein Fehler.« Dreihundertfünfundachtzig Kilogramm Saphire hat Ramaroson in den vergangenen zehn Monaten registriert. Aber er weiß, dass ein Großteil nicht deklariert wird, weil Edelsteine leicht zu schmuggeln sind. »Die Händler wollen keine Ausfuhrsteuer zahlen. Erst vor zwei Wochen haben wir einen am Flughafen erwischt. Mit falschem Diplomatenausweis. Siebzig Kilo hatte der im Gepäck.«

In Donnes Sieb ist fast nichts. Ein paar kleine rosa Steine, Felapeso genannt, und diese bietet er im Händlerzentrum außerhalb des Ortes an. Es sind vor allem Asiaten und Westafrikaner, die die

Edelsteine kaufen. Sie sitzen in Holzhütten, haben eine Taschenlampe in der Hand und eine stark vergrößernde Brille auf der Nase. »Man kann gute Geschäfte hier machen, sehr gute«, sagt Shafie Athaulla aus Sri Lanka. »Die Schürfer bringen mir jeden bunten Stein, den sie finden, die meisten haben wirklich keine Ahnung.« Aber das störe ihn nicht, das erhöhe nur seine Chance, etwas Wertvolles zu einem niedrigen Preis zu bekommen. Donne erhält vier Euro.

»Das reicht für ein paar Tage zum Essen«, sagt Donne auf dem Weg zu seinem Schürfloch, in das er vor Sonnenuntergang noch einmal hinabsteigen möchte, um neuen Sand zu holen. Anfangs musste er nur vier, fünf Meter graben, um an die saphirhaltigen Schichten zu kommen. War eine Stelle erschöpft, grub er woanders. »Heute sind überall Menschen, ich kann fast nicht mehr ausweichen.« Also ist sein Loch inzwischen wie viele andere zwanzig Meter tief und an einigen Stellen weniger als einen Meter breit. Es habe schon viele Tote gegeben, weil die ungesicherten Schächte oft einstürzten, sagt Donne, einer aus seinem Dorf sei erst letzte Woche gestorben.

»Eigentlich ist es total verrückt hier«, meint der Saphirschürfer zum Abschied. Er habe riesiges Glück gehabt. Den meisten aber gehe es anders. »Die haben ihren ganzen Besitz verkauft, um nach Ilakaka reisen zu können. Jetzt graben sie Tag und Nacht und finden nichts. Die meisten sind jetzt ärmer als zuvor.«

SZ, Seite Drei 19.11.1999

Das Paradies kennt seine Grenzen

Wie Korruption in Mosambik den Frieden gefährdet

Was für ein Café! Kaya Kahina heißt es, es liegt im Zentrum der kleinen Stadt Xai-Xai, ganz nah am großen Fluss, und es sieht so anders aus als die Cafés in anderen afrikanischen Kleinstädten. Dort sind solche Lokale meist morsche Bretterbuden, und wenn es Steinmauern gibt, dann sind sie oft schmutzig oder schimmlig. Die Wände im Kaya Kahina hingegen sind weiß, auf der blank geputzten Theke steht eine chromglitzernde Espressomaschine, in den gläsernen Vitrinen gibt es Schwarzwälderkirschtorte und Käsekuchen, und der Kellner, Pedro Macie, empfängt Gäste mit einem herzlichen Händedruck. Ja, auf das Kahina ist er stolz, sehr stolz. Denn dass es mal wieder so aussehen würde, das hat er nicht geglaubt, damals, im Frühjahr 2000, als plötzlich alles Leben aus der Stadt geschwemmt wurde, damals, als die Fluten kamen. Zehn Meter hoch, bis unter das Dach, stand die Brühe, und darunter, im Erdgeschoss, waren alle Räume voll Schlamm. Bilder aus Xai-Xai gingen damals um die Welt. Aus den Wassermassen ragten nur noch die stählernen Pfähle der Brücke über den Fluss Limpopo und ein paar Dächer und Bäume, auf die sich die Bewohner gerettet hatten. Der Rest war ein riesiger brauner See, ein »Milchkaffee-See«, wie der Kellner sagt.

Heute ist es, als hätte die Katastrophe nicht

stattgefunden. Die meisten Häuser von Xai-Xai sind frisch gestrichen, die Straßen sauber gefegt, und wenn man eine Weile im Kaya Kahina verweilt, dann sieht man, dass auch Touristen in diesen Ort kommen. Sie alle wollen im azurblauen Indischen Ozean die Buckelwale sehen, die gerade an der zweitausend Kilometer langen Küste Mosambiks Richtung Norden ziehen. »Wir hätten schon immer im Paradies leben können«, sagt Pedro Macie, »unser Land ist wunderschön, aber wir lebten viel zu lange in der Hölle.«

Mosambik, das war von 1976 bis 1992 der Inbegriff für Krieg. Für ein Gemetzel, in dem vor allem Krankenhäuser und Schulen angegriffen und Zivilisten massakriert wurden. Kinder mussten oft ihre Eltern oder Geschwister erschießen, bevor sie selbst entführt wurden und als Soldaten weiterleben durften. Deshalb hatte auch der Kellner Macie Angst um seine Kinder, wenn diese nicht zu Hause waren oder unter einem Baum in der Schule saßen. Kommen die Rebellen der westlich orientierten Renamo oder die Soldaten der marxistischen Regierungspartei Frelimo heute in Xai-Xai vorbei, um neue Kindersoldaten zu holen? Oder morgen? Oder werden die Kinder vielleicht gerade schon entführt? »Können Sie sich das vorstellen?«, fragt er, »jeden Tag diese Angst. Jeden Tag. Und das sechzehn Jahre lang?« Und dann war das Land zerstört, der Krieg vorbei und es ging langsam, sehr langsam ein bisschen aufwärts. »Als wir endlich an ein besseres Leben glaubten, kamen diese verfluchten Fluten und spülten alles wieder weg. Ich dachte mir: Was habe ich verbrochen, dass ich mal sterben muss, ohne jemals ein schönes Leben gehabt zu haben.«

Heute bezeichnet sich Pedro Macie als »glücklicher Mensch«, als einer, der das Leben genießt. Denn auch die Fluten konnten den Aufstieg des Landes nicht aufhalten. Mosambik, einer der ärmsten Staaten der Welt, gilt inzwischen als ein Musterland Afrikas, als Gegenmodell zu einem Kontinent, der immer noch von Kriegen, Misswirtschaft und Elend geprägt ist. Denn zum einen herrscht seit 1992 wirklich Frieden, zum anderen kann das Land, das sich nach dem Krieg der Marktwirtschaft verpflichtet hat, Wirtschaftszahlen vorweisen, die einzigartig sind im internationalen Vergleich. Allein im Jahr 2001 gab es ein Wachstum von fast fünfzehn Prozent, die Inflation ist gering, und nicht nur der Internationale Währungsfonds, die Weltbank und westliche Geberländer belohnen das Land mit Schuldenerlass und jährlichen Hilfen von einer halben Milliarde Euro. Auch ein südafrikanischer Konzern hat solches Vertrauen in die Zukunft des Staates, dass er mehr als eine Milliarde Euro investierte und nahe der Hauptstadt Maputo die modernste Aluminiumschmelze der Welt eröffnete. Mosambik macht Hoffnung für Afrika – und dennoch, und das sagen viele Bewohner, birgt dieser Aufstieg auch gefährliche Entwicklungen. Entwicklungen, die im schlimmsten Fall den Erfolg wieder zerstören könnten.

Rund zweihundert Kilometer von Xai-Xai entfernt, in einem Außenbezirk der Hauptstadt Maputo, steht das Werk, auf das die Mosambikaner so stolz sind. In rund einem Dutzend pfefferminzgrüner Hallen des Konzerns Mozal wird das reinste Aluminium produziert, das es auf dem Weltmarkt gibt. Generaldirektor Peter Wilshaw, ein blonder Mittvierziger, gibt die Größe des Geländes gerne mit dreihundertvierzig Fußballfeldern an. Dreihundertvierzig Fußballfelder voller Erfolg. Und er bringt Besucher gerne zu einem Bild in der Empfangshalle, das diesen Ort im Jahr 1998 zeigt: eine Ödnis aus grünem Buschgras, ein paar Lehmhütten sind zu sehen und ein paar Rinder. Sonst nichts. Demnächst soll die Erweiterung der Anlage fertig sein, dann wird sie doppelt so viel produzieren wie heute und mehr als tausend Menschen beschäftigen.

»Der Großteil der Angestellten sind Mosambikaner, und diejenigen mit dem niedrigsten Einkommen verdienen immer noch vierhundert US-Dollar im Monat, das ist das Zehnfache des staatlichen Mindestlohns.« Bei einer Rundfahrt zeigt der Direktor auch die Schulen, die Hospitäler, die Aids-Aufklärungszentren und die Wohnungen, die Mozal für die Menschen gebaut hat, und er erwähnt auch, dass den Bauern mit Dünger, Samen und Werkzeugen geholfen wird. »Die haben früher pro Acker vielleicht fünfhundert Kilo Mais im Jahr produziert, heute sind es fast zwei Tonnen. Wir können schon mit wenigen Mitteln so viel erreichen.«

Natürlich ist das oberste Prinzip eines solchen Konzerns nicht Entwicklungshilfe. Deshalb musste die Regierung Mosambiks auch große Zugeständnisse machen, bevor sich die Mutterfirma von Mozal, der südafrikanische Bergbauriese Billiton, zur Investition entschloss. So braucht das Unternehmen keine Steuern und auch keine Zollgebühren zu bezahlen. Außerdem sind die wichtigsten Posten mit Ausländern, vor allem Südafrikanern, besetzt. Der Grund dafür ist ganz einfach, sagt Wilshaw. »Es gibt keine Fachkräfte in Mosambik. Deshalb geben wir Millionen aus, um das einheimische Personal auszubilden.«

Allein eine Fabrik wie Mozal illustriert die Armut Mosambiks, eines Staates, der immerhin fast so groß ist wie Deutschland und Frankreich zusammen. Mit Mozal wuchs nicht nur das Baugewerbe, sondern die Gesamtwirtschaft des Landes um ein Drittel. Und allein die Schmelze benötigt zur Erzeugung des Aluminiums mit zweihundertdreißig Megawatt eine genauso große Menge Strom wie derzeit dem Rest des Landes zur Verfügung steht.

Es gibt zwar Kritiker, die sagen, dass dieser Konzern durch die Steuerbefreiung ein Staat im Staat ist, einer, der dem Land nicht viel bringt – aber zumindest für die Region von Maputo hat er Signalwirkung. Dutzende neuer Geschäfte, Luxushotels, Einkaufszentren und Restaurants sind in der Stadt am Meer entstanden, alte portugiesische Villen wurden restauriert und Straßenzüge aufpoliert. Und so könnte man leicht ins Schwärmen geraten, wenn man durch die Alleen oder Einkaufspassagen schlendert oder in einem Straßencafé dem Treiben zusieht, gäbe es da nicht dieses Mahnmal im Zentrum der Stadt. An einem Eisenzaun in der »Straße der Märtyrer« hängen Blumen und eine Schleife, auf der steht: »Es lebe Cardoso.«

An dieser Stelle wurde im Jahr 2000 der bekannteste Journalist im südlichen Afrika ermordet, der Mann, dessen Hauptaufgabe es gerade war, in zwei gigantischen Betrugsskandalen zu recherchieren. Rund vierhundert Millionen US-Dollar sollen insgesamt bei der Privatisierung des

Bankenwesens in Mosambik unterschlagen worden sein, und Carlos Cardoso hatte wohl zu viele Informationen gesammelt. Die Killer schossen dem Journalisten aus einem fahrenden Auto heraus achtmal in den Kopf. Im August 2001 wurde dann der Chef der staatlichen Bankenaufsicht, Siba-Siba Macuacua, der ebenfalls recherchierte, aus dem fünfzehnten Stockwerk eines Hochhauses geworfen. Die Morde sorgten zwar für internationale Empörung, aber lange Zeit blieben sowohl die Staatsanwaltschaft als auch die Polizei untätig. Im September 2002 kam es dann zum nächsten Skandal, als einer der sechs mutmaßlichen Mörder Cardosos aus dem Hochsicherheitsgefängnis fliehen konnte, obwohl die Polizei zuvor schon Hinweise auf die Flucht bekommen hatte.

Da es seit dem Mord an Cardoso noch weitere Angriffe auf Journalisten gegeben hat, bei denen unter anderem einem Radiomann die Zunge zerschnitten wurde, ist es verständlich, dass die Reporter in Mosambik sehr vorsichtig geworden sind. Der Journalist, der zum Interview erscheint, sagt dann auch, dass er weder seinen Namen genannt haben, noch genauer erzählen möchte, wie er ständig bedroht wird, allein das, sagt er, reiche seinen Feinden nämlich aus, um ihn zu identifizieren. Was er dann zu erzählen hat, wird auch von anderen Menschen in Maputo so ähnlich geschildert: Mosambik ist zur Hochburg des organisierten Verbrechens geworden. Das Land ist Geldwaschanlage und Durchgangsstation von Waffen und Drogen aus Südost- und Zentralasien. Das südafrikanische Institut für Sicherheitsstudien schreibt in einem Bericht: »Es zeigt sich klar, dass

Mosambik sehr nahe daran ist, ein krimineller Staat zu werden.« Über die Chefs dieser Mafia gibt es viele Spekulationen, beteiligt sind aber anscheinend vor allem Familien aus der politischen Elite.

Am schillerndsten ist die Geschichte mit den Hühnchen, die für ziemlich viel Aufregung gesorgt hat. Einer der sechs Verdächtigen im Mordfall Cardoso hatte bei einem Verhör ausgesagt, dass sein Auftraggeber Nyimpine Chissano heiße, und das ist der Sohn des Präsidenten Joaquim Chissano. Ein Journalist, der die Geschichte erfuhr und sich nicht traute, die Präsidentenfamilie namentlich zu erwähnen, schrieb deshalb, der Pate von Maputo sei der »Sohn des großen Hahnes«. Daraufhin bekam er zweimal Körbe mit Hühnern zugeschickt. Der Journalist schwört, dass er sie von der Frau des Präsidenten bekommen habe, das habe sie ihm sogar telefonisch mitgeteilt. Was die Hühnchen konkret bedeuten, kann niemand sagen, nur eines scheint klar zu sein: Wer sie zugeschickt bekommt, sollte besser auf sein Leben aufpassen.

Bei so vielen Geschichten über Mord und Morddrohungen, organisiertes Verbrechen und Staatsversagen wundert es nicht, dass nahezu alle Gesprächspartner in Maputo pessimistisch sind. Wie soll die Bevölkerung zu einem besseren Leben kommen, wenn die schlimmsten Verbrecher zur Machtelite gehören? Wer soll die Kriminalität eindämmen, wenn sogar der Justizminister sagt, dass das Justizwesen komplett korrupt und unfähig ist?

Boia Efraime Junior kennt all die Skandale und er weiß sogar noch mehr Geschichten zu erzählen, von Frauen, die ihre Koffer am Zoll nicht aufmachen, sondern lieber kurz telefonieren – um dann unkontrolliert passieren zu dürfen. Von Jugendlichen, die bewaffnet durch die Klubs der Stadt ziehen und jedes Mädchen anmachen, das ihnen gefällt. Wer sich das nicht gefallen lässt, wird auf die Straße hinausgezerrt und im glimpflichsten Fall verprügelt. »Keiner greift ein«, sagt Psychologe Efraime, der im ganzen Land durch seine Arbeit zur Rehabilitierung von Kindersoldaten bekannt wurde und heute die Hilfsorganisation »Wiederaufbau der Hoffnung« leitet. »Die Leute der Regierungspartei Frelimo glauben, dass ihnen das Land gehört, dass sie über dem Gesetz stehen. Minister verkaufen Wohnungen, die dem Staat gehören, und kaufen sich dafür Villen in Südafrika. Die plündern das Land und keiner kann sie aufhalten.« Und die Opposition der Renamo bringe auch nichts zustande, weil sie ein riesiges Problem habe: »Ihr Chef ist ein Diktator. Der logiert in einer Villa in Maputo, schmeißt Kritiker aus der Partei und kümmert sich nicht um seine völlig verarmten Anhänger auf dem Land.«

Bei einem Spaziergang zur Zeit des Sonnenuntergangs, der das Meer und den weißen Sandstrand rot färbt, drängt sich allerdings der Gedanke auf, dass alles vielleicht doch zu pessimistisch gesehen wird. Immerhin gibt es Machtgier, Korruption und organisiertes Verbrechen auch in anderen Ländern. Immerhin erlebt Mosambik einen unvergleichlichen Aufschwung. Immerhin ist es noch nicht allzu lange her, dass der Krieg zu Ende und das Land total zerstört war. Und außerdem wurde erstaunlicherweise der Präsidentensohn zum Verhör geladen, weil seine Verwicklung im

Fall des ermordeten Journalisten Cardoso zu offensichtlich ist. Vielleicht ist dann auch dieser komische Vorfall, von dem ein Diplomat erzählt hat, nicht gar so schlimm und symbolträchtig, wie viele behaupten: Bei der offiziellen Feier zum zehnjährigen Friedensschluss umarmten sich Präsident Chissano und Oppositionsführer Afonso Dhlakama, sie winkten den Zuschauern und wollten zum Schluss weiße Friedenstauben steigen lassen. Doch die Vögel, die die Politiker in die Luft entließen, flogen nicht. Sie fielen wie Steine zu Boden.

SZ, Seite Drei, 13.11.2002

Diesseits in Afrika

Bei Krimiautor Henning Mankell in Maputo

Es ist Winter in Maputo. Die Sonnenstrahlen brennen wie Hiebe im Gesicht. Schweißperlen schlüpfen aus den Poren und laufen den Körper hinab. Am Stadtrand drängen sich Blech- und Bretterverschläge an steilen Hängen nach oben. Es sind so viele, dass sie ihren rotbraunen, erdigen Untergrund ins Meer zu stürzen drohen. Zwischen den Hütten kochen Frauen auf offenen Feuern. Fremde, süßliche Gerüche hängen in der schwülen, schweren Luft. Die Straßen sind voll von Kindern, denen Rotz aus der Nase läuft, voll von Schlaglöchern, die wie Pockennarben den Asphalt durchziehen. Auf den Gehwegen verrotten Bananen- und Apfelsinenschalen, Lumpen, Plastiktüten, einzelne Turnschuhe und abgenagte Maiskolben.

Hier, in dieser elenden, tropischen Stadt, lebt seit 1986 Henning Mankell. Hier hat der Bestsellerautor die meisten Abenteuer des schwedischen Kommissars Kurt Wallander erfunden und aufgeschrieben. In den Adern des übergewichtigen Romanpolizisten »treiben kleine Inseln aus weißem Zucker«, weil er Kaffee, fette Würste und Pralinen liebt. In seinem Kopf dreht sich viel darum, ob der Schnee oder der Regen bald kommt und ob er dann noch herausfinden kann, wer den Rentner in die tödliche Fallgrube stürzen ließ oder wer den pensionierten Politiker erstochen und ihm dann die Haare samt Haut vom Schädel gerissen hat. Wallander ist ein Grübler und Melancholiker. Er leidet unter der Kälte der Menschen und des Wetters, an seinem geringen Wissen über fremde Länder, an seinem nicht vorhandenen Sexleben und an der Schnelligkeit der Welt, mit der er nicht mithalten kann, so sehr er sich auch bemüht.

Der traurige Held Wallander hat Henning Mankell zum mehrfachen Millionär gemacht. Allein im deutschsprachigen Raum wurden bislang mehr als elf Millionen Exemplare der Krimis verkauft, in mehr als zwei Dutzend Sprachen kann man sie lesen. Mankell aber, das lässt er vor dem Treffen mitteilen, will über Wallander nicht reden, er will über Afrika reden, über das Teatro Avenida in Maputo, an dem er seit Jahren als künstlerischer Leiter arbeitet, und er will darüber reden, was ihn hier in Mosambik so wütend macht. Dann – und das wird dieses Treffen zeigen – kommt man nicht mehr auf die Idee, dass Mankell, der seiner Romanfigur so viel Leben gegeben hat, mit ihr etwas gemeinsam hat, außer vielleicht dem Alter und der Schlaflosigkeit.

Das Teatro Avenida liegt im Stadtzentrum, dort, wo sozialistische, von der Feuchtigkeit zerfressene Betonklötze neben Villen aus der portugiesischen Kolonialzeit stehen. Es ist ein kleines Theater, eines, an dem man in der Avenida 25 De Setembro leicht vorbeilaufen könnte. Es ist auch das einzige Theater in Mosambik. Vor dem Eingang stehen Bettler, Straßenkinder spielen mit einem Stoffknäuel Fußball, hinein geht's durch eine morsche Holztür.

Es ist 16.02 Uhr. Henning Mankell steht allein im dunklen Zuschauerraum. Er trägt ein blaues

Hemd, aus dem seine nackte Brust herausschaut. Seine weißen Haare sind strubbelig, seine Augen müde. Er läuft auf einen zu und schaut auf die Uhr. »Wir können acht Minuten reden, dann probe ich dreißig Minuten, dann brauche ich noch einmal fünfzehn Minuten, dann können wir uns weiterunterhalten. Sagen wir, dreißig Minuten. Wenn das nicht reicht, können wir nach der Aufführung noch mal zwanzig Minuten reden.« Der Mann spricht schnell und dominant, Widerspruch scheint zwecklos.

Die wenigen Minuten zu Beginn reichen Mankell aber schon aus, um über die Wahrnehmung von Afrika im Rest der Welt zu schimpfen: »Wir wissen alles darüber, wie die Afrikaner sterben, aber wir wissen nichts darüber, wie sie leben.« Die Europäer, sagt Mankell, seien dem Kontinent gegenüber ignorant und arrogant. In Schweden werde er immer gefragt, was ihm in Mosambik abgehe. »Keiner fragt mich, was mir in Schweden abgeht.« Und dann sagt er noch: »Ich könnte mich jeden Tag darüber aufregen, dass wir die einfachsten Probleme nicht lösen. Man könnte alle Kinder dieser Welt mit dem Geld ernähren, das in Europa jährlich für Katzen- und Hundefutter ausgegeben wird.« Das war's fürs Erste, die fünf Schauspieler des Teatro Avenida sind eingetroffen.

Henning Mankell ist kein unfreundlicher Mensch, er scheint nur nie zu lächeln. Er hört aufmerksam zu und gibt ausführliche Antworten, oft starrt er dabei ins Dunkel der Bühne. Als unnahbar und menschenscheu wird er von anderen Europäern in Maputo beschrieben, als einer, den man außer im Theater nirgends sieht und an den man nicht herankommt. Dieser Eindruck ändert sich aber, wenn man ihn im Kreis der Schauspieler beobachtet. Da mimt er Figuren, lacht, redet auch mit dem Körper und seine Augen funkeln. Spricht man ihn darauf an, sagt er: »Ich liebe sie halt. Das ist alles.«

Als Mankell ein Kind war und allein mit seinem Vater in Nordschweden aufwuchs, musste er oft bei minus dreißig Grad zur Schule laufen, es war so kalt, dass ihm fast der Atem gefror. Damals entstand seine Sehnsucht nach Afrika. Er las die Expeditionsberichte der Entdecker Livingstone und Mungo Park und in seiner Phantasie verwandelte sich der große Fluss in seiner Heimat Härjedalen zum riesigen Kongo-Strom. Mit zwanzig fuhr er los, zuerst nach Guinea-Bissau, dann in nach und nach mehr als zwei Dutzend afrikanische Länder. »Ich wollte immer auf einem anderen Kontinent leben«, sagt Mankell, »aber von Afrika war ich durch die Bücher fasziniert, außerdem liegt hier die Wiege der Menschheit.« Die Reisen, die vielen Jahre zuerst in seiner Wahlheimat Sambia und dann in Mosambik haben ihn, wie er sagt, »zum besseren Europäer« gemacht. »Afrika ist für mich ein Wachturm, von dem aus ich meine Heimat besser beobachten kann.« Und das, was er sieht, gefällt ihm gar nicht.

Derzeit schreibt Mankell einen Roman über zwei illegale Flüchtlinge, die die Armut nach Schweden getrieben hat und die dort scheitern. »Die Europäer vereinen sich und mauern den Kontinent zu. Wenn sie aber die Armen dieser Welt vergessen, werden sie auch keine Zukunft haben.« Schon in den Siebzigern befasste sich der Schwede – grob gesagt – mit Themen wie Imperialismus, Arbeiterbewegung und Klassenkampf. Und seine Einstellung hat sich nicht geändert, das zeigt seine Sicht von Afrika: Der Kontinent, so Mankell, wird vom Rest der Welt arm gehalten. Afrika darf nur die Rolle des Rohstoffexporteurs spielen, da gehören Gold, Diamanten oder Öl dazu, aber auch Fußballer oder Musiker. »Ökonomischen Rassismus« nennt er dies. In Ländern wie Mosambik gibt es seinen Worten nach nur ein einziges Problem: Armut. Alle anderen Probleme sind die Konsequenz daraus. »Mosambik hat zweitausend Kilometer der schönsten Strände der Welt, es gibt irrsinnig viele Fische, es gibt Landwirtschaft, ein sehr gutes Klima, viel Wasser und keine Überbevölkerung. Das Land könnte reich sein.« Aber Mosambik werde von den reichen Staaten klein gehalten.

Mankell will keine Einwände gegen seine Sicht gelten lassen. Was ist mit den vielen Kriegen in Afrika? »In neunzig Prozent der Länder herrscht Frieden.« Was ist mit der Korruption? »Die ist mit den Helfern gekommen. Da gehören immer zwei dazu. Schreiben Sie, dass Länder wie Deutschland ganz vorne stehen, wenn es darum geht, zum eigenen Vorteil die Armen zu korrumpieren.« Er schimpft aber auch auf all die Romantiker, die von den zwar armen, aber ewig fröhlichen und tanzenden Afrikanern schwärmen, die nicht sehen wollen, dass der Kontinent unter extremen Problemen leidet. »Warum wird Afrika nicht so realistisch gesehen wie jeder andere Kontinent auch?«

Mankell, der Millionär, möchte man denken, hat eine schöne Villa am Meer und solidarisiert sich am Schreibtisch mit den Armen. Doch der

Mann lebte bis Anfang 2001 in einem »schrecklichen Apartment«. Vormittags und nachts schrieb er dort, nachmittags arbeitete er am Theater. Die Wände in seiner Wohnung waren feucht, es hat hineingeregnet. Da sein Asthma immer schlimmer wurde, ist er in ein trockenes Haus umgezogen. »Ich könnte in der tollsten Villa leben«, sagt Mankell, »aber warum sollte ich? Ich werde von meinen afrikanischen Freunden besucht. Viele gehen nicht in die Wohnungen der Weißen, weil deren Reichtum sie beschämt und weil sie wissen, dass sie die Gegeneinladung nicht aussprechen können. Das will ich verhindern.« Dann entschuldigt er sich, in wenigen Minuten beginnt die Abendvorstellung.

Das Theater ist ausverkauft, es werden wohl mehr als vierhundert Menschen sein, ein großer Teil davon sind Kinder. Während der Regenzeit läuft der Zuschauerraum mit Wasser voll, ab und zu bis unter den Bühnenrand. Viele der Sessel sind zusammengebrochen und auch das Dach sieht nach Einsturz aus. Das Ensemble hingegen gilt als professionell, es war schon zu Gast in Europa und Asien. »Ich könnte Hamlet inszenieren«, sagt Mankell, »die Schauspieler könnten das, aber es gibt Wichtigeres.« Siebzig Prozent der Menschen in Mosambik können weder lesen noch schreiben, Radio und Theater sind die einzige Möglichkeit, das Leben künstlerisch darzustellen. Meist führt das Ensemble Komödien auf, aber es spielt auch Stücke über Aids, Armut oder Korruption, um »die Menschen aufzuklären«, sagt Mankell. Da es in Afrika fast keine geschriebenen Bühnenstücke gibt, entstehen die Bücher entweder erst während der Inszenierung oder Mankell schreibt europäische in afrikanische Stücke um – so wie die mehr als zweihundertfünfzig Jahre alte Komödie »Jeppe auf dem Berg« des Dänen Ludvig Holberg, die an diesem Abend gegeben wird. Ein Nachtwächter wird im Vollrausch von einem reichen Ehepaar in dessen Haus geschleppt. Dort darf er sich einen Tag lang fragen, ob er jetzt im Paradies ist, dann – wiederum im Vollrausch – werfen sie ihn wie ein Stück Müll zurück auf die Straße. Die Zuschauer grölen vor Lachen, sie trinken während der Vorstellung, essen, telefonieren und rufen dazwischen.

Umgerechnet 2,50 Euro kostet der Eintritt, das ist ziemlich teuer, wenn man bedenkt, dass ein Arbeiter im Schnitt fünfundzwanzig bis dreißig Euro im Monat verdient. Aber mit diesen Einnahmen und dem Geld, das Mankell zuschießt, muss sich das Theater finanzieren. Lucrecia Paco, eine der Mitbegründerinnen der Bühne, schwärmt von der Professionalität Mankells, nur ab und zu ist die Zweiunddreißigjährige von seinem Tick, den Tag immer in Minutensequenzen einzuteilen, genervt. »Fünf Minuten für dies, zwanzig Minuten für das, ich glaube, er ist ein echter Europäer.«

Auch wusste das Ensemble bis vor kurzem nicht, wie berühmt der Schriftsteller ist. Das änderte sich erst, als Lucrecia Pacos Bruder, der bekannteste Schlagzeuger Mosambiks, bei einer Tournee durch Schweden immer wieder gefragt wurde, ob er Mankell kenne. Klar, hat er geantwortet, der arbeitet mit meiner Schwester. Daraufhin hat sich niemand mehr für Celso Pacos Musik interessiert, jeder wollte Berichte über Mankell. »Das war für uns unglaublich«, sagt die Schauspielerin, »wir wussten, dass Henning Bücher schreibt, wir konnten uns aber nicht vorstellen, dass man damit reich und bekannt werden kann. Er hat sich nie so benommen, als sei er berühmt.«

In seiner Heimat ist Mankell inzwischen so populär, dass seine neuen Romane mitunter von Lastwagen herunter verkauft werden. Nicht zuletzt deshalb lebt der Schriftsteller bis zu neun Monate im Jahr in Mosambik, obwohl ihn seine Frau, Eva Bergmann, hier nur selten besuchen kann. Die Tochter von Ingmar Bergmann ist Regisseurin und in Schweden ähnlich bekannt wie ihr Mann. An diesem Abend sitzt sie in der ersten Reihe des Theaters und amüsiert sich wie alle anderen Zuschauer auch. Nach der Aufführung sagt sie: »Die Schauspieler sind phantastisch. Ich frage mich nur, ob ein Theater in Mosambik wirklich wichtig ist. Ich glaube, ein Arzt oder etwas zu essen würde den Menschen mehr helfen. Aber Henning ist von seiner Arbeit und von Afrika völlig überzeugt.«

Vor kurzem hat Mankell mit einem Freund auch noch einen Verlag in Schweden gegründet, einen, der nur afrikanische und arabische Literatur veröffentlicht. »Wir wollen Menschen bekannt machen, die in Afrika leben und schreiben, wir wollen ihnen ihr Debüt in Europa geben, das gab es bisher noch nie.« Dafür investiere er das Geld, das er mit seinen Bestsellern verdiene.

Die letzten Zuschauer sind gegangen. »Eine letzte Frage gebe ich Ihnen noch«, sagt Mankell, dann kippt er ein Glas Rotwein hinunter, eine Hand voll Erdnüsse hinterher – »Entschuldigung, ich habe heute noch nichts gegessen.« Also: Was ist für Sie der größte Unterschied zwischen Europa und Afrika? »Ich glaube, die Frage ist falsch gestellt.« Dann erzählt er eine Geschichte: Anfang der Neunziger haben Wissenschaftler in Schweden gemessen, bei welcher Bewegung der Wiege ein Baby am schnellsten einschläft. Daraufhin sind sie nach Namibia gefahren und haben die Bewegung einer gehenden Mutter untersucht, die ihr Baby mit einem Tuch auf den Rücken gebunden hat. Es ist exakt die gleiche Bewegung. »Ist das nicht ein phantastisches Beispiel dafür, dass alle Menschen gleich sind?«, sagt Mankell. »Ich habe ein halbes Leben gebraucht, um das herauszufinden. Alle Menschen sind gleich, sie drücken dies nur in wunderbar unterschiedlichen Formen aus.«

SZ, Seite Drei, 11.08.2001

Die Qualen eines vergessenen Volkes

Noch hundert Jahre später leiden die Herero in Namibia unter den Folgen des Vernichtungsfeldzugs deutscher Kolonialtruppen

Es wird am Tag, als der Reiter Robert Rakete starb, wohl genauso heiß und drückend gewesen sein wie heute. Selbst wenn der Waterberg, dieser zweihundert Meter hohe Felsenklotz, seinen Schatten über den Friedhof wirft, gibt es keine Abkühlung. Die Luft flimmert, das Gebüsch ist verdörrt, der Boden zu weißem Pulver vertrocknet und nicht einmal das Gezwitscher von Vögeln durchbricht die Grabesstille.

Die deutschen Soldaten, die hier am Fuß des Waterbergs begraben sind, wurden vor hundert Jahren getötet, im Kampf gegen ein afrikanisches Hirtenvolk, das sich nicht länger unterdrücken, vergewaltigen und ausrauben lassen wollte. Unter den Gefallenen befindet sich auch dieser Reiter namens Robert Rakete. Über ihn ist nur bekannt, dass er am 25. Oktober 1875 geboren wurde, als Soldat des Kaiserreichs im »Schutzgebiet« Deutsch-Südwestafrika stationiert war und am 14. Januar 1904 am Waterberg »ermordet« wurde. So steht es auf seinem Grabstein, in schwarzen Lettern auf weißem Naturstein. Mehr weiß man nicht. Nicht, wie er aussah. Nicht, was ihn bewogen hatte, ins südliche Afrika zu gehen. Nicht, was er kurz vor seinem Tod gemacht hat. Nur eines ist gewiss: Die Rache für Reiter Rakete und seine Kollegen hätte grausamer nicht sein können – fast das ganze Volk der Herero wurde wegen ihres Todes umgebracht.

Auch heute noch ist am Waterberg nicht viel zu sehen, was sich seit Januar 1904 verändert haben könnte. Es gibt weit und breit keine Strommasten, keine asphaltierten Straßen, keine Häuser, nur die endlos erscheinende Landschaft – eine weite, ockerfarbene Savanne, in der sich vereinzelt blau schimmernde Tafelberge in die Höhe strecken. Reiter Rakete wird an seinem Todestag wohl dieselbe Aussicht gehabt haben und vielleicht war er auch in ähnlicher Stimmung wie Margarethe von Eckenbrecher, eine deutsche Siedlerfrau, die in der Nähe lebte.

»Dem friedlichen Weihnachtsfeste folgte ein stilles Neujahr«, schreibt sie in ihren Erinnerungen über den Januar 1904, »heiß und schwül waren die Tage, dumpf und unerquicklich die Nächte. Die Schwüle der Natur schien sich in den Gemütern mitzuteilen. Man hatte ein unbehagliches Gefühl. Etwas war anders, aber was es war, das konnte man nicht ergründen.« Und: »Die Herero, stets gewalttätig und herrisch, waren noch hochmütiger geworden. Einzelne benahmen sich unbotmäßig gegen uns Weiße.«

Von Eckenbrechers Buch »Was Afrika mir gab und nahm« sollte, als es 1907 erschien, »vom Leben draußen erzählen und deutschen Frauen Mut machen, stark und froh an der Seite tatenkräftiger Männer Pionierarbeit für unser Deutschtum zu leisten«. Aber dieses Deutschtum hatte schon 1904 gründliche Arbeit in der kaiserlichen Kolonie geleistet. Auf den Herero-Aufstand, der am 12. Januar begann, antworteten die »Schutztruppen« mit diesem ersten von den Deutschen verübten Völkermord. Als Vergeltung für den Tod von hundertdreiundzwanzig Deutschen, darunter Robert Rakete, wurden die meisten Herero getötet. Lebten vor dem Krieg rund achtzigtausend Angehörige des Hirtenvolks in Deutsch-Südwestafrika, waren es danach nur noch etwas mehr als fünfzehntausend.

Der Herero-Krieg ist das schrecklichste Kapitel der deutschen Kolonialgeschichte, einer Geschichte, die mit dem tollkühnen Traum vom »Platz an der Sonne« begann und schon während des Ersten Weltkriegs zu Ende war. Aber da das Jahrhundert noch viel monströsere deutsche Gewalttaten brachte, wurde der Genozid an den Herero schnell vergessen – zumindest auf deutscher Seite. Bei den Herero ist er heute noch tief im Bewusstsein verankert. Jeder von ihnen, egal ob zehn, zwanzig oder achtzig Jahre alt, ist mit diesem kollektiven Trauma aufgewachsen. Jedes Kind bekommt noch heute von seinen Eltern und Großeltern überliefert, was sich damals zugetragen hat. Und jeder Herero, mit dem man spricht, fragt, warum das Unrecht von damals noch immer nicht beseitigt ist und sich die Deutschen bislang weder entschuldigt noch Entschädigung geleistet haben.

Die Geschichte, die zum Aufstand der Herero führte, ist schnell erzählt. Seit 1884, seitdem Südwestafrika, das heutige Namibia, offiziell zum »Schutzgebiet« des deutschen Kaiserreichs ernannt wurde, waren mehr und mehr deutsche Siedler in die Kolonie eingewandert. Sie nahmen den afrikanischen Völkern, allen voran den Herero und Nama, Land und Vieh weg, forderten Wucherpreise, misshandelten die Arbeiter und vergewaltigten unzählige Frauen. So kam es in der Nacht vom 11. auf 12. Januar 1904 zum Aufstand. Der Angriff kam so unerwartet, dass die Herero in kurzer Zeit das Zentrum des Landes besetzen konnten. Daraufhin schickte der Berliner Generalstab Lothar von Trotha, der sich schon bei der Niederschlagung des »Boxeraufstands« in China einen Ruf als brutaler Krieger erworben hatte. »Ich kenne genug Stämme in Afrika«, erklärte er seine Strategie, »sie gleichen sich alle in dem Gedankengang, dass sie nur der Gewalt weichen. Ich vernichte die aufständischen Stämme mit Strömen von Blut und Strömen von Geld.«

Die entscheidende Schlacht fand am 11. August 1904 am Waterberg statt, wo sich bis zu vierzigtausend Herero mit ihren Viehherden versammelt hatten. Doch obwohl die Herero von Trothas Truppen eingekreist und militärisch geschlagen wurden, konnten mehr als dreißigtausend in die Sandwüste Omaheke fliehen. Damit war der Krieg entschieden, aber nun begann der Völkermord. Die Deutschen riegelten die Wüste und die Wasserstellen ab. Zudem erließ von Trotha seinen berüchtigten »Vernichtungsbefehl«: »Innerhalb der deutschen Grenze wird jeder Herero mit oder ohne Gewehr, mit oder ohne Vieh erschossen, ich nehme keine Weiber oder Kinder mehr auf, treibe sie zu ihrem Volk zurück oder lasse auf sie schießen.«

Auch der Berliner Generalstab hat den Völkermord in Kauf genommen, das belegt ein Bericht von 1906: »Keine Mühen, keine Entbehrungen wurden gescheut, um dem Feind den letzten Rest seiner Widerstandsfähigkeit zu rauben: Wie ein halb zu Tode gehetztes Wild ward er von Wasserstelle zu Wasserstelle gescheucht, bis er schließlich willenlos ein Opfer der Natur seines eigenen Landes wurde. Die wasserlose Omaheke sollte vollenden, was die deutschen Waffen begonnen hatten: die Vernichtung des Hererovolkes.«

Erika Zeraua kennt diese Geschichte, seitdem sie zuhören kann. Sie ist die Frau eines Herero-Chefs im Gebiet der Stadt Omaruru, anderthalb Autostunden vom Waterberg entfernt. Ihr Großvater, ihre Großmutter, ihr Vater und ihre Mutter haben ihr immer wieder vom Krieg gegen die Deutschen erzählt. Wie sich die in der Wüste gefangenen Herero dazu entschlossen haben, Neugeborene sterben zu lassen, damit sich die Krieger an den Brüsten der Mütter ernähren konnten. Wie sie Leichen an ausgetrockneten Wasserstellen aufschnitten, um Flüssigkeit aus den Körpern zu saugen. Wie sie schließlich in die Konzentrationslager kamen, die die Deutschen im ganzen Land errichtet hatten und in denen ein Großteil der Menschen an Hunger, Durst, Hitze und auch an Erfrierungen starb.

Ihre Eltern und Großeltern erklärten ihr auch, warum sie, die 1948 geboren wurde, schon als Kind »wie eine Sklavin« für deutsche Farmer arbeiten musste – lesen und schreiben hat sie deshalb nie gelernt. »Was die Weißen sagen, musst du machen«, war die wichtigste Regel der Erwachsenen. »Als Kind dachte ich, das müssen Götter sein, stolz, reich, allwissend, unnahbar und unverwundbar. In Wirklichkeit aber sind sie die Mörder meines Volkes.«

Das Treffen mit Erika Zeraua findet auf einer Farm statt, die einem Österreicher gehört. Dort putzte sie gerade noch die Küche, und schon ihre Kleidung zeigt, wie entwürdigend das für diese bei den Herero hochangesehene Frau sein muss. Sie trägt ein wallendes, mit Blumen bedrucktes Kostüm und die typische Kopfbedeckung. Es ist ein Turban, der so gefaltet ist, dass er links und rechts Stoffhörner hat. Damit ähnelt sie einem Rind, und das ist beabsichtigt. Diese Tiere genießen die höchste Wertschätzung der Herero. Über ihrer Tracht hängt eine schäbige Küchenschürze.

Erika Zeraua heißt eigentlich gar nicht Erika. Sie hasst diesen Namen auch. Ihre Eltern hatten sie bei der Geburt Uazuvara genannt, doch als sie auf Drängen der Farmbesitzer getauft wurde, musste sie einen deutschen Namen annehmen. Afrikanische – oder besser gesagt: unzivilisierte – Namen waren in der Kirche verboten. Und da sie nun in allen Behörden als Erika registriert sei, könne sie ihren wirklichen Namen nicht mehr benutzen. Die Herero-Frau hat zwar schon als Kind Deutsch gelernt, aber beim Interview will sie diese Sprache nicht sprechen. Nicht nur, weil sie sie etwas verlernt hat, sondern auch, weil dies, so der Sohn, der übersetzt, die Sprache der »Unterdrücker«, der »Mörder« und »Räuber« sei.

Das, was Uazuvara Zeraua zu sagen hat, lässt sich so zusammenfassen: Noch immer profitieren die Weißen, allen voran die Deutschen, vom Völkermord. Damals wurden die meisten Herero getötet und das Land und Vieh geraubt, das ihnen gehörte. An diesem Zustand hat sich bis heute nichts geändert. Noch immer haben die Weißen in Namibia die größten Farmen und die größten Rinderherden, und zwar vor allem auf ehemaligem Herero-Gebiet in Zentralnamibia. Ihrem Volk aber war es lange Zeit verboten, Land und Vieh zu besitzen. Viele sind arbeitslos, andere müssen als billige Kräfte auf den Farmen arbeiten. »Uns wurde alles gestohlen und nichts zurückgegeben«, sagt Uazuvara Zeraua, »wie würden Sie sich fühlen, wenn Sie für nichts auf Ihrem eigenen Land arbeiten müssen und dem weißen Besitzer auch noch Ihr Vieh gehört? Könnten Sie da ruhig schlafen?«

Die rund hundertdreißigtausend Herero, die es heute in Namibia gibt, leben zum größten Teil in bitterer Armut, in schäbigen Hüttenvierteln, ohne Strom, ohne fließendes Wasser, ohne Schulen, ohne Ärzte. Viele sind alkoholkrank, noch viel mehr Menschen aber sind mit dem HI-Virus infiziert. »Wir haben Tausende von Aids-Waisen und kein Geld«, sagt Uazuvara Zeraua, die während des Gesprächs immer wütender wird, »aber anstatt, dass sich mein Mann und ich um unser Volk kümmern können, anstatt, dass wir für das Unrecht Entschädigung oder zumindest Hilfe bekommen, muss ich hier, hundert Jahre nach dem Völkermord, noch immer für fast nichts in der Küche eines Weißen schuften.«

Uazuvara Zeraua ist keine Ausnahme. Fast jeder Herero, mit dem man spricht, ist voller Zorn. Katuutire Kaura zum Beispiel, einer der bekanntesten Vertreter dieses Volkes, ist der Präsident der Oppositionspartei Democratic Turnhallen Alliance und sitzt im Parlament in Windhuk. Geboren und aufgewachsen ist der Zweiundfünfzigjährige in einem der »Reservate«, in denen die Herero nach jenem grausamen Krieg von 1904 bis 1907 gezwungen wurden zu leben, und auch er berichtet, dass seine Eltern und Großeltern fast immer nur über den Krieg geredet haben.

Besonders kritisch sieht Kaura die Haltung der Bundesregierung. Jahrzehntelang hat der Genozid in Südwestafrika in der deutschen Politik keine Rolle gespielt. Noch im September 1995 lehnte der damalige Bundeskanzler Helmut Kohl jedes Treffen mit Vertretern der Herero ab, und auch der ehemalige Bundespräsident Roman Herzog konnte sich 1998 – wie Ende Oktober 2003 auch Außenminister Joschka Fischer – zu keiner offiziellen Entschuldigung durchringen. Fischer sagte bei seinem jüngsten Besuch in Namibia lediglich, Deutschland bekenne sich zur Verantwortung für seine Kolonialgeschichte, »zu Geiseln der Geschichte« wolle man aber nicht werden.

Eine offizielle Entschuldigung könnte für die Bundesregierung und für deutsche Unternehmen auch teuer werden. Denn seit 2001 versuchen Herero, Entschädigung für den Völkermord zu bekommen. Sie haben die Bundesrepublik, die Deutsche Bank und die Rechtsnachfolger der Reederei Deutsche Afrika-Linien in den USA auf insgesamt vier Milliarden US-Dollar verklagt. In der Klageschrift heißt es, die Firmen hätten »in einer brutalen Allianz mit dem deutschen Kaiserreich unbarmherzig die Versklavung und die völkermörderische Zerstörung des Herero-Volkes in Südwestafrika betrieben«. Die Beschuldigten hätten »mit eiskalter Präzision den unaussprechlichen Horror des Holocausts« nur wenige Jahrzehnte vorweggenommen und ein Unternehmen gebildet, das »Methoden der Vernichtung, der Zerstörung der Stammeskultur und sozialen Organisation, Konzentrationslager, Zwangsarbeit, medizinische Experimente und die Ausbeutung von Frauen und Kindern« angewandt habe, »um ihre wirtschaftlichen Ziele voranzubringen«.

Die Klage stützt sich auf das US-Gesetz zur Entschädigung von Ausländern von 1789, mit dem auch frühere Zwangsarbeiter und Opfer des Holocausts Entschädigung erstritten haben. Ob die Herero in den USA erfolgreich sein werden, ist fraglich, da das Bezirksgericht im District of Columbia schon erklärt hat, es sei nicht zuständig, und das danach angerufene Bundesgericht in New York noch keine Entscheidung getroffen hat. Aber der Vorstoß hat das Schicksal dieses Volkes zumindest wieder ins deutsche Bewusstsein gebracht. Nicht zuletzt deshalb hat Joschka Fischer Ende Oktober weitere Hilfen für Namibia in Aussicht gestellt. Seit 1990 haben die Bundesregierung, Stiftungen und private Organisationen rund eine halbe Milliarde Euro an diesen Staat bezahlt, das ist mehr Entwicklungshilfe, als irgend ein anderes Land der Welt bekommen hat.

Doch auch das ist für den Oppositionspolitiker Kaura nur ein schwacher Trost. Im Parlament hat die Regierungspartei Swapo eine Zweidrittelmehrheit und Präsident Sam Nujoma interessiert sich nicht sonderlich für die Interessen der Herero, gehört er doch dem Mehrheitsvolk der Ovambo an, die ganz im Norden des Landes, an der Grenze zu Angola, leben und denen nie Land und Vieh geraubt wurde. »Die Hilfen versickern irgendwo«, sagt Kaura, »unser Volk hat noch nichts bekommen.«

Deshalb unterstützt der Politiker auch die Klage in den USA, denn sollten die Herero Entschädigung bekommen, könnte damit Farmland zurückgekauft werden, das seinem Volk einst gehört hat. »Dann könnten sich wenigstens die Nachfahren der Opfer wieder als Bewohner ihres eigenen Landes fühlen.« Sollte den Herero jedoch nicht geholfen werden, sagt der Politiker, dann drohten Verhältnisse wie in Simbabwe. »Es sind vor allem junge, radikale Herero, die seit einiger Zeit zu Farmbesetzungen in Namibia aufrufen. Das Desaster aber, das Mugabe angerichtet hat, muss hier verhindert werden.«

Es geht zurück zum Waterberg und auch beim zweiten Besuch ist der Friedhof menschenleer. Gäbe es diese frischen Spuren im Sand nicht, wäre der Boden nicht vor kurzem gekehrt worden, dann könnte man fast meinen, dass sich kein Mensch mehr für die vor hundert Jahren gefallenen Soldaten interessiert. Doch das Gegenteil ist der Fall. Die letzte Ruhestätte liegt in einem staatlichen Nationalpark und wird gepflegt, auch von der namibischen Regierung. Etwas abseits, an der Friedhofsmauer, findet sich – wenn schon keine Entschuldigung, dann doch so etwas wie eine kleine Verbeugung, ein letzter Respekt für das fast vernichtete Volk. Auf einer kleinen Tafel steht: »Dem Andenken der in der Schlacht am Waterberg gefallenen Hererokrieger – Kameradschaft Deutscher Soldaten 12-8-1984.«

SZ, Seite Drei, 10.01.2004

In den Straßen der Hoffnungslosigkeit

Die nigerianische Metropole Lagos versinkt in Anarchie

Das fängt ja gut an. Die Maschine ist pünktlich gelandet, die Abfertigung ging schnell, doch jetzt auf dem Parkplatz des Flughafens brüllt ein Polizist: »Stehen bleiben!« Dabei richtet er sein Schnellfeuergewehr auf uns. »Kennen Sie den Mann, der Sie abholt?« Natürlich. Der Fahrer muss sich trotzdem ausweisen, dann wird er durchsucht. »Wir wollen, dass Sie Lagos heil überstehen«, sagt der Beamte, »es wurden schon zu viele Besucher von den falschen Leuten abgeholt. Passen Sie auf sich auf.« Und weil er geholfen hat, möchte er noch ein Trinkgeld. »Das ist Ihnen Ihr Leben doch wert, oder?« Er verlangt zwei Dollar, dann dürfen wir fahren.

Obwohl die Redaktion der Tageszeitung *Guardian* nur ein paar Kilometer vom Flughafen entfernt liegt, dauert die Fahrt eine kleine Ewigkeit. Auf der holprigen Straße wälzen sich fünf-, manchmal auch achtspurig Autos dicht gedrängt im Abgasnebel. Dem Lastwagen neben uns hat der Rost große Teile des Führerhauses weggefressen, der Fahrer sitzt im Freien. Hinter uns bricht einem Taxi das Rad weg. Ein Minibus kann nicht mehr ausweichen, er rammt das Auto und fährt weiter. Und zwischen all den Fahrzeugen tummeln sich bettelnde Kleinkinder, Blinde, Verkrüppelte und Händler. Sie schreien und trommeln an die verriegelten Autotüren und Fenster. Am Straßenrand brennen Müllberge, dazwischen stehen Holzhütten und Häuserruinen, an deren feuchten Wänden grünes Moos und Flechten wachsen. Zumindest gibt es keinen Stillstand; das ist, so erklärt der Fahrer, der Moment, in dem bewaffnete Jugendbanden von Auto zu Auto laufen, die Scheiben einschlagen und die Insassen ausrauben. »Ein Stau in Lagos ist ziemlich gefährlich«, sagt er, »und wir haben fast immer Stau.«

Lagos, die Wirtschaftsmetropole Nigerias, ist der größte Moloch Afrikas, vermutlich eine der gefährlichsten und dreckigsten Städte der Welt. Das Leben hier ist »arm, ekelhaft, pervertiert und kurz«, schreibt der US-Autor Robert Kaplan, ein anerkannter Fachmann. Wie viele Menschen hier wohnen, weiß keiner. Manche sprechen von dreizehn, andere von fünfzehn oder siebzehn Millionen. Selbst der Präsident des Landes, Olusegun Obasanjo, hat einmal erklärt, diese Stadt sei so verstörend und brutal, dass kein vernünftiger Mensch hier freiwillig lebe. Dennoch drängen täglich mehr Nigerianer in die Stadt, weil ihre Aussichten auf dem Land noch hoffnungsloser sind und weil sie glauben, zumindest in der Großstadt Arbeit finden zu können. Lagos ist eine Warnung an alle anderen Megastädte der Dritten Welt: So könnten auch sie bald aussehen, wenn beinahe alles außer Kontrolle gerät und fast niemand mehr Hoffnung hat.

Reuben Abati hatte im Mai 1999 endlich sein Ziel erreicht. Damals wurde Olusegun Obasanjo demokratisch zum Präsidenten Nigerias gewählt, nach Jahrzehnten der Militärdiktatur, der Unterdrückung und Ausbeutung durch eine Soldatenclique. Heute sitzt Reuben Abati in seinem winzigen Büro, das mit Zeitungen voll gestopft ist und in dem es für den alten Computer oft keinen Strom gibt. »Acht Jahre habe ich für die Demokratie gekämpft«, sagt der Fünfunddreißigjährige, »doch jetzt ist alles noch schlimmer geworden.« Er ist der stellvertretende Chefredakteur des *Guardian*, einer unabhängigen und angesehenen Zeitung in Nigeria. »Der völlig verrottete Zustand der Stadt ist an jeder Stelle zu sehen«, sagt Abati. »Lassen Sie uns zur Polizei fahren, da erkennen Sie, wie es wirklich ist.«

Die nigerianische Regierung sei kurz davor, den Notstand auszurufen, erzählt der Journalist während der Fahrt. Weil es in Lagos nach dem Abzug des Militärs immer wieder zu Gewaltexzessen kommt, weil es inzwischen fast normal ist, dass bewaffnete Banden Autofahrer ausrauben und erschießen oder wie bei militärischen Angriffen Banken oder Wohnviertel überfallen. Teilweise kommen die Täter mit vierzig, fünfzig Mann, alle mit Schnellfeuergewehren und schusssicheren Westen ausgerüstet, und dringen in ein Haus nach dem anderen ein. Allein von Januar bis August 2001 wurden zweihundertachtunddreißig Menschen bei solchen Überfällen ermordet, am schlimmsten war es im Juni, da starben sechsundfünfzig. »Das sind die offiziellen Zahlen«, sagt Abati. Da die Polizei aber chronisch unterbesetzt und sehr schlecht ausgerüstet sei, lägen die wirklichen Todeszahlen »um ein Vielfaches höher«.

Der Chef der Polizeistation Area Five im ältesten Stadtteil Ikeja residiert in einem düsteren Betonloch, die Fäulnis in den Wänden stinkt so entsetzlich, dass es einem den Atem raubt. Er könne kein Interview geben, sagt der Mann, der nicht mal seinen Namen nennen will. Dann aber prahlt er mit seinem »jüngsten Erfolg«. Vor zwei Tagen habe er beobachtet, wie ein Junge einem Mann ein Handy stahl. »Ich zog meine Waffe und zielte. Leider stand ein ziemlich fetter Kerl im Weg, den wollte ich nicht erschießen.« Also sei er dem Dieb nachgelaufen und habe ihn nach dreihundert Metern gestellt, als dieser gerade urinieren musste. Der Polizeichef schnippt mit den Fingern, dann wird der Jugendliche hereingebracht. Der Sechzehnjährige muss sich ausziehen. Frische, teils blutige Striemen sind auf seinem Rücken und Po zu sehen. Ein Mann im Hintergrund, es ist der Telefonbesitzer, identifiziert den Dieb mit einem Nicken. »Jetzt können wir dich aufhängen«, sagt der Polizeichef. Er schmunzelt und lässt den Jungen wieder in die Zelle sperren.

Ein paar hundert Meter weiter, in einem ebenso stickigen Büro, beantwortet Polizeisprecher Victor Chilaka Fragen auf seine Art: Wie viele Polizisten gibt es in Lagos? »Zwölftausendfünfhundert. Nächste Frage.« Was wollen Sie gegen die stark steigende Kriminalität tun? »Kriminalität ist ein Phänomen. Nächste Frage.« Wie viele Polizisten brauchten Sie für die Millionenstadt? »Nächste Frage.« Was verdient ein Polizist? »Was wollen Sie eigentlich? Verschwinden Sie jetzt.«

Draußen auf dem Polizeigelände fängt uns ein Beamter ab. »Für drei Dollar bekommen Sie Ihre Antworten«, sagt er und steigt mit ins Auto. In vielen Fällen, beginnt er zu erzählen, seien Polizisten oder Soldaten die Anführer der Räuberbanden. Weil sie Waffen haben, weil sie wissen, wo es etwas zu holen gibt, und weil sie nur vierzig bis fünfzig Euro im Monat verdienen, was in einer teuren Stadt wie Lagos kaum zum Überleben reicht. Die Familie eines im Dienst erschossenen Beamten bekommt siebzehn Euro Abfindung. »Es gibt bei uns niemanden mehr, der sich für seinen Beruf interessiert. Wir sind nur deshalb Polizisten, weil wir Geld brauchen.« Das sei auch der Grund, warum Lagos eine der gefährlichsten Städte der Welt ist: »Wenn Sie hier überfallen werden, hilft Ihnen niemand. Das wissen auch die Verbrecher.«

Es würde wohl mehrere Tage dauern, Lagos von einem Ende zum anderen zu durchfahren. Nicht nur, weil die Stadt so riesig ist und noch die kleinsten Nebenstraßen mit verbeulten Autos voll gestopft sind. Es gibt auch keine verlässlichen Stadtpläne und fast nirgends Straßenschilder. Auf dem Oshodi-Markt, zwei Staustunden von der Polizeistation entfernt, kann man Kochtöpfe kaufen, die aus Stoppschildern gemacht wurden, oder Schaufeln, deren Blech einst Einbahnstraßen markiert hat. Der Markt, ein riesiges Holzhüttenmeer, ist so groß wie ein ganzer Stadtteil, hier gibt es keine einzige asphaltierte Straße; Lastwagen und Busse haben fünf, sechs Meter tiefe Senken in den weichen schwarzen Boden gefahren. Überall sind faulige Tümpel zu sehen, in denen nackte Kinder spielen und in denen es Milliarden von Viren, Bakterien und Moskitoeiern gibt. Es stinkt nach Verwesung und Kot.

Einem Jungen fällt eine Kiste grüner Äpfel in den Dreck. Eine Horde Kinder wirft den Knaben um und stiehlt die Früchte. Ein alter Mann, der am Straßenrand Maiskolben grillt, schreit den kleinen Dieben hinterher und flucht. Er stellt sich als Ben Doherty vor. »Es ist eine Schande«, sagt er, »hier beklaut jeder jeden, weil niemand etwas hat.« Vor ein paar Tagen sind in der Straße zwei Diebe erwischt worden, erzählt er. Die wütende Menge schlug sie nieder und stülpte ihnen Autoreifen über. »Sie haben die beiden einfach angezündet. Wenn Sie wollen, können Sie die Überreste noch sehen, sie liegen nur ein paar Meter von hier entfernt.« Dann berichtet der Händler von den »ethnischen Milizen«, die den Markt und große Teile der Stadt kontrollieren. Die am meisten gefürchtete ist nach seiner Darstellung eine paramilitärische Vereinigung der Yoruba, der größten Volksgruppe in Lagos. Immer wieder liefert sie sich Schlachten mit Angehörigen der beiden anderen großen Völker, der Haussa und Ibo. Der Gouverneur von Lagos hat sogar vorgeschlagen, die brutale Truppe als Sicherheitsdienst für die Stadt zu engagieren. Die Regierung jedoch weigert sich. Sie hat die Yoruba-Gang verboten, als nach einem tagelangen Gemetzel mehr als hundert verstümmelte Leichen auf den Straßen lagen.

Die meisten Menschen in Lagos müssten nicht im Elend leben, sie könnten, auch wenn es Millionen sind, Arbeit und gemauerte Wohnungen haben. Denn Nigeria ist durch seine enormen Erdölvorkommen eines der reichsten Länder Afrikas und die Lagunenstadt Lagos ihr Handelszentrum. Wie viel Geld es in dieser Stadt gibt, sieht man, wenn man auf die vorgelagerten Inseln fährt, die durch ein Gewirr von Autobahnbrücken mit dem Festland verbunden sind. Die verspiegelten Wolkenkratzer sind schon von weitem zu sehen, ebenso die sechs riesigen Kräne im Hafen, die vor kurzem gekauft wurden. »Mehr als fünfzig Millionen Euro haben die neuen Kräne gekostet«, sagt ein europäischer Geschäftsmann, der seit Jahrzehnten im Hafen arbeitet und seinen Namen nicht genannt haben will, »aber sie sind völlig nutzlos.«

Er steigt auf einen ölverschmierten, alten Containerkran, auf dem Vögel mit Plastikstücken und Drähten ihre Nester gebaut haben, weil es hier nirgends Pflanzen gibt. Von oben kann man sehen, dass die Arme und der Drehwinkel der neuen Kräne viel zu groß sind, damit kann keine einzige Schiffsladung gelöscht werden. »Einer aus der Regierung hat der Hafenbehörde den Kauf befohlen«, sagt der Unternehmer, »der hat dabei einen sehr guten Schnitt gemacht.« Das sei auch kein Einzelfall.

In Nigeria, einem der korruptesten Länder der Welt, sind die meisten Aufträge öffentlich und die Abwicklung läuft nach den Erfahrungen des Kaufmanns so ab: »Sie werden als Anbieter nie gefragt, was etwas kostet. Sie müssen fragen, was der Auftraggeber ausgeben will. Gibt er 12,5 Millionen Euro, bekommt der Staatsangestellte fünf Prozent unter der Hand, gibt er fünfundzwanzig Millionen, bekommt er zehn Prozent.« So ist es nach dieser Auskunft auch zu erklären, dass jüngst eine zwei Kilometer lange Straßenstrecke in Lagos für nicht weniger als umgerechnet zehn Millionen Euro erneuert wurde. »Darüber hat sich nicht einmal mehr die Presse aufgeregt«, sagt der Europäer, »es ist jedem egal, ob der Staat dabei pleite geht.«

Über die stinkende graue Lagune geht es nach Victoria Island. Es ist die Insel, auf der sich die Reichen niedergelassen haben. Sie fahren zum

Teil mit Rolls Royce, Ferrari und Mercedes durch die Straßen und leben hinter meterhohen Mauern, die mit Nato-Stacheldraht, Strom und Bewegungsmeldern gesichert sind. Der Architekt Lanre Towry-Coker hat hier mehr als ein Dutzend Hochhäuser gebaut. Nachdem er sich verspekuliert hat, arbeitet er heute für das Bauministerium. Der Mann spricht akzentfreies Englisch, trägt Maßanzug, goldene Rolex-Uhr, goldene Ringe, goldene Krawattennadel. Er steht am Ufer der Insel und versucht, einen deutschen Geschäftsmann zu Investitionen zu überreden, schließlich werde jetzt der Tourismus in Lagos gefördert. »Hier wird es eine ganze Reihe von Hotels geben«, sagt der Häuserbauer, »alle mit wunderbarem Meerblick.« Der Deutsche schaut verwundert, schließlich ist das Wasser grau und schmutzig. Hier treiben, und das erzählt jeder Bewohner der Insel, regelmäßig Wasserleichen vorbei. Und auf einer direkt gegenüber liegenden Landzunge sind Tausende von Wellblech- und Holzhütten zu sehen. »Das ist aber nicht gerade der Ausblick, den ich mir als Tourist wünsche«, sagt der Deutsche. Da lacht Towry-Coker. »Die Hütten verschwinden natürlich, die Leute haben sich illegal dort niedergelassen.« Nur einen Tag würde die Räumung dauern, »das machen wir mit Baggern, vielleicht informieren wir die Slumbewohner kurz zuvor, damit die Sensiblen freiwillig abhauen.«

Weil sich auf Victoria Island die Reichen verschanzt haben, scheint es hier noch mehr Bettler zu geben als anderswo. Es sind vor allem schmutzstarrende Kinder, die ihre Nächte in Müllbergen oder unter Brücken verbringen. »Gib mir Geld«, schreit ein Mädchen und trommelt an die

Taxitür, »ich will in die Schule.« Yusuf Muhammad, der Fahrer, schüttelt den Kopf. »Die Kinder müssen das meiste Geld den Anführern geben, sonst dürfen sie hier nicht betteln.« Vor kurzem erst hat ihm eine Kundin ihr »schrecklichstes Erlebnis« erzählt: Sie stand im Stau und wunderte sich über eines der Kinder. Es war auf den Rücken einer alten Bettlerin gebunden und kam ihr vertraut vor. Als sich die Alte ihrem Auto näherte, erkannte die Frau ihre eigene Tochter. »Die Bettlerin hat sich das Mädchen in der Tagesstätte ausgeliehen«, sagt der Taxifahrer. »Für ein bisschen Geld bekommen Sie in Lagos alles.«

SZ, Seite Drei, 11.12.2001

Der steinige Weg zur Wahrheit

Ruandas Versuch, mit Hilfe von Dorfgerichten den Völkermord an den Tutsi zu sühnen

Es wird bestimmt ein schöner Tag werden, ein sehr schöner. Drei Farben bestimmen schon frühmorgens die Aussicht auf diesem Hügel. Das leuchtende Rot des Lehmbodens, das dominante Grün der Bananenstauden, das strahlende Blau des Himmels. In den Bäumen zwitschern Vögel, im Schatten tummeln sich Ziegen und Hühner und aus einem Autoradio erklingt »Malaika«. »Mein Engel«, heißt es in dieser afrikanischen Schnulze, »ich liebe dich, mein Engel.«

Wie leicht könnte man sich von dieser Stimmung anstecken lassen, wie leicht könnte man meinen, dass dieser Hügel namens Rukatsa, von dem man einen herrlichen Blick auf die Hauptstadt Kigali hat, ein besonders idyllischer Fleck ist. Säßen da nicht diese sechzehn Männer im Schatten der Bäume. Sie haben auf klapprigen Holzbänken Platz genommen und Papiere vor sich ausgebreitet. Papiere, die das Unbeschreibbare zu schildern versuchen.

Sie handeln von den Bewohnern dieser Gegend, von Männern, die im Akkord Menschen, darunter auch Babys, zerstückelt haben; von Bäuerinnen, die ihre Nachbarinnen geköpft haben; von Kindern, die Gleichaltrige in Fäkaliengruben ertränkt haben. Wenn der Blutrausch abends nachließ, wenn die Schlächter müde waren vom vielen Töten, dann haben sie den noch Lebenden die Achillessehnen durchgeschlagen, damit diese bis zum nächsten Morgen, bis zum erneuten Schlachten, nicht davonlaufen konnten.

All diese Papiere beschreiben den Völkermord an den Tutsi im Jahr 1994, als Tausende von Hutu es als oberste Pflicht betrachteten, die »Kakerlaken« ein für alle Mal auszurotten. Flüsse färbten sich rot vom Blut, und selbst Kirchen, Waisenhäuser und Hospitäler wurden zu Schlachthäusern. Es war der schnellste Genozid der Neuzeit, und das, obwohl er mit einfachsten Waffen ausgeführt wurde, mit Macheten, Speeren und Knüppeln. In nur hundert Tagen wurden achthunderttausend Menschen umgebracht, das sind fünf Tote pro Minute – so schnell war nicht einmal die Tötungsmaschinerie der Nazis.

Ruanda, das damals jeden zehnten Einwohner verloren hat, wird sich von dieser Tragödie noch lange nicht erholen. Der kleine zentralafrikanische Staat, der gerade mal ein Drittel der Größe Bayerns hat, ist auch jetzt noch im Ausnahmezustand, das erkennt man schon an einem Mann wie Francis Munyawera. Er sitzt im Schatten der Bäume und studiert die Akten. Eigentlich arbeitet der Fünfundvierzigjährige als Maurer, doch seit einiger Zeit ist er auch Gerichtspräsident von Rukatsa. Die Menschen hier haben ihn gewählt – nicht, weil er einen schönen Anzug und einen schwarzen Hut trägt und so würdevoll schreitet, wie es sich für einen Präsidenten gehört, nein, die Bewohner von Rukatsa wollten ihn als Chef der Richter, weil er damals nicht geflohen ist, weil er viele Täter gesehen hat, die zwischen ein- und zweitausend Menschen allein auf diesem Hügel ermordet haben, und weil er als unbescholtener Mann gilt.

Es mag für Außenstehende verstörend klingen, dass Maurer oder Taxifahrer oder Bauern über einen Genozid richten sollen, Menschen, die nur ein paar Tage lang in den Grundbegriffen der Justiz ausgebildet wurden. Aber Ruanda hat keine andere Wahl. Noch immer sind rund neunzigtausend mutmaßliche Völkermörder inhaftiert. Die Kerker sind so voll gestopft, dass die Gefangenen sich zum Schlafen nicht hinlegen können und keine Chance haben, auf die Toilette zu gehen. Wer Glück hat, findet einen Eimer in der Nähe, wer Pech hat, findet keinen. Das Schlimmste aber ist, dass viele schon länger als sieben Jahre eingesperrt sind, ohne dass es einen Haftbefehl gibt oder eine Anklage. Am Genozid waren so viele Menschen beteiligt, dass es zweihundert Jahre dauern würde, alle bislang inhaftierten mutmaßlichen Täter vor ein ordentliches Gericht zu stellen.

Um diesen für alle Beteiligten unerträglichen Zustand zu beenden, probiert Ruanda etwas aus, das nicht nur weltweit einzigartig ist, es stellt auch alles, was man von Recht und Justiz weiß, auf den Kopf. Das Land hat die *Gacaca* eingeführt, ein Gerichtssystem, das Ga-tscha-tscha ausgesprochen wird und »Gras« bedeutet. Es ist ein vorkoloniales afrikanisches Verfahren, mit dem Dorfgemeinschaften bis ins 19. Jahrhundert Eigentumsdelikte geklärt haben. Die Bewohner setzten sich auf eine Grasfläche im Schatten der Bäume und diskutierten zum Beispiel über Viehdiebe. Und damit soll nun über einen Genozid gerichtet werden.

Wie ungewöhnlich dieses Verfahren ist, sieht man schon daran, dass Gerichtspräsident Munyawera nicht nur die Verhandlungen leitet, er sagt auch oft als Zeuge aus und macht gleichzeitig die Befragung der Angeklagten, die sich allesamt ohne Anwalt verteidigen müssen. »Wir sind sechzehn Kollegen«, sagt er zu seiner Dreifachrolle als Richter, Staatsanwalt und Zeuge, »wir entscheiden einstimmig, meine Rolle ist minimal.« *Gacaca* sei zur Wahrheitsfindung da, und mit sechzehn Richtern käme man der Wahrheit ziemlich nahe.

Wahrheit. Dieses Wort hört man immer wieder. »Die Wahrheit heilt«, heißt es auf vielen Plakaten in Kigali. Und das mit der Wahrheit sagt auch John Rwamangwa, nachdem er einige Zeit gebraucht hat, um zu verschnaufen. Neunundachtzig Jahre ist er alt, er hat sich trotz seiner schwachen Beine den Hügel heraufgequält, denn auch er will die Wahrheit über seinen Sohn Gason erfahren, einen der zwei Männer, die heute vor dem Gras-Gericht stehen. »Er ist ein guter Mensch«, sagt der alte Mann, »er ist kein Mörder. Die *Gacaca* muss die Wahrheit bringen.« Sollte jedoch die Schuld des Sohnes festgestellt werden, drohen diesem zwischen sieben Jahren und lebenslänglich Gefängnis, und lebenslänglich bedeutet in Ruanda lebenslänglich. Auch solche drakonischen Strafen dürfen die Laienrichter verhängen.

Zunächst aber muss sich Filbert Munyazikwiye verantworten. Der achtundzwanzigjährige Kioskbesitzer, der von allen nur Filbert genannt wird, wirkt recht sympathisch, nicht nur, weil er mit ein Meter fünfzig Größe ziemlich verletzlich aussieht, er hat auch ein einnehmendes Lächeln. Doch die Akten, die dem Gericht vorliegen, erzählen etwas anderes. Es sind Akten aus einem Verfahren gegen Filberts Vater, die belegen, dass der Vater und mindestens sechs weitere Männer Dutzende, vielleicht auch Hunderte von Menschen getötet haben. Sie ertränkten ihre Opfer in einer Latrine, wobei man wissen muss, dass solche Fäkaliengruben in Afrika riesengroß sein können, oft erreichen sie das Volumen eines Zimmers. So lautet nun die Anklage gegen Filbert, der im Prozess gegen den Vater immer wieder als Mittäter genannt wurde: Völkermord, Beihilfe zum Völkermord und Ermordung von Tutsi durch Ertränken in einer Latrine.

Nachdem Filbert auf unschuldig plädiert hat, fragt der Gerichtspräsident: »Kanntest du die Opfer?«

»Ich kenne nur die Täter. Es waren Gakuba, Iyakaremye, Elias, Makeye, Gigiri, Munyanziza«, antwortet Filbert.

»Was war deine Rolle?«

»Ich habe an den Morden nie teilgenommen.«

»Kennst du den Jungen Nkwaya?«

»Nein, ich kenne diese Person nicht.«

Es gibt keine Zwischenfragen, niemand will es genauer wissen. Dafür wird die Richterin Sarafine Mukabera gebeten, als Zeugin auszusagen. Sie war vierzehn Jahre alt, als der Junge Nkwaya umgebracht wurde, und sie sagt: Am 8. April 1994, einen Tag nach Beginn des Genozids, hat sie Filbert gesehen, wie er zusammen mit einer Gruppe von Männern den Jungen umzingelt und damit gedroht hat, ihn umzubringen. Nkwaya musste seinen Ausweis zeigen, der ihn als Tutsi identifizierte, dann wurde er weggeschleppt. Wer ihn getötet hat, weiß die Richterin nicht, den Mord hat sie nicht gesehen. Aber Filbert muss den Jungen gekannt haben, sagt sie, denn sie seien gemeinsam zur Schule gegangen.

Damit ist die Befragung abgeschlossen, es gibt keine weiteren Zeugen, keine weiteren Beweise. Die Richter beurteilen ihre Fälle ausschließlich aufgrund der Aussagen von Angeklagten und von Zeugen. Weitere Mittel stehen ihnen nicht zur Verfügung. Es gibt vom Völkermord schließlich keine Polizeiberichte, keine Fingerabdrücke oder sonstiges Beweismaterial. Wer hätte das auch sammeln sollen, als sich Hunderttausende im Blutrausch und Millionen auf der Flucht befanden?

Seit 2002 finden diese Gras-Gerichte nun statt, und sie befinden sich an siebenhundertachtundfünfzig Orten immer noch in der Probephase. Die Aufgabe der Richter ist bislang nur, die Angeklagten nach Delikten zu kategorisieren, also welche Straftaten ihnen konkret vorgeworfen werden können. Wenn die Probephase beendet ist und die ersten Urteile gesprochen werden, wird das Verfahren an weiteren neuntausend Orten eingeführt. Rund zehntausend Völkermord-Tribunale in einem winzigen Staat – dass dies nicht nur ein organisatorischer Albtraum sein wird, ist allen Beteiligten klar.

Schon jetzt nämlich können die Prozesse oft nicht stattfinden. Um einen Angeklagten rechtskräftig klassifizieren zu können, müssen mindestens fünfzehn Richter anwesend sein. Doch oft kommen sie nicht, weil sie sich den Bus nicht leisten können, weil der Bus nicht fährt oder weil sie keine Aufwandsentschädigung bekommen. »Die Menschen müssen aufs Feld«, sagt Gerichtspräsident Munyawera, »die müssen Geld verdienen.«

Denn all die freiwilligen Richter bekommen nichts für ihre Arbeit.

Ruanda, das zwei Drittel seines Etats aus Entwicklungshilfegeldern finanziert, tut sich schwer, für das *Gacaca*-System Unterstützung zu bekommen. Europa und die USA finanzieren das UN-Tribunal im tansanischen Arusha mit, wo die Planer des Völkermordes vor Gericht stehen. Dort wird nach westlichen Standards gearbeitet, dort wurden seit 1996 mehr als sechshundert Millionen Euro ausgegeben, um einundzwanzig Urteile zu sprechen, siebzehn Menschen wurden verurteilt. Ruanda hingegen bekommt für die *Gacaca* fast nichts – weil sich kein Geber vorwerfen lassen will, ein Verfahren zu finanzieren, das den allgemein gültigen Maßstäben der Rechtsprechung nicht entspricht.

Aber es sind nicht nur das Geld und die Organisation. Richterin Sarafine Mukabera erzählt, dass sie erst vor ein paar Tagen von einem bewaffneten Mann besucht wurde, der drohte, sie umzubringen, sollte sie gegen die Mörder des Jungen Nkwaya aussagen. »Natürlich habe ich Angst«, sagt die Vierundzwanzigjährige, »aber ich muss aussagen.«

Das Verhalten der Richterin, die der Bevölkerungsmehrheit der Hutu angehört, ist bemerkenswert. Allein in der jüngsten Vergangenheit wurden vier Zeugen im Süden Ruandas ermordet – all die anderen, die zur Aussage bereit waren und unter ungeklärten Umständen starben, ehe sie aussagen konnten, nicht mitgerechnet. Die Gras-Tribunale aber können nur ein Erfolg werden, wenn sich die Menschen trauen zu sagen, was sie gesehen haben, und das sind vor allem Hutu, die meisten Tutsi wurden entweder umgebracht oder sie befanden sich auf der Flucht.

Sarafine Mukabera tritt auch im zweiten Fall als Zeugin auf, im Fall von Gason, dem Sohn des alten Mannes. Der sechsundfünfzigjährige hochgewachsene Bauer steht in der prallen Sonne und schwitzt. Seine Worte kommen, wenn überhaupt, stockend. Ihm wird Völkermord und Plünderung vorgeworfen, weil er im Haus einer Frau namens Theresa gesehen wurde und auch deren Blechdach gestohlen haben soll. So ein Dach ist für viele Ruander eine einmalige Anschaffung, wohl noch schwerer zu finanzieren als für einen Europäer ein Luxusauto.

»Was hast du in Theresas Haus gemacht?«, wird er vom Gerichtspräsidenten gefragt.

»Ich habe nichts gemacht. Das Wellblech wurde von der Caritas mitgenommen«, antwortet der Angeklagte.

»Wurde das Blech vom Dach entfernt, bevor Theresa ermordet wurde oder danach?«

»Danach.«

»Wer hat Theresa umgebracht?«

»Ich kenne die Leute nicht.«

Es ist ein mühsamer Prozess, die Wahrheit herauszufinden, aber es ist wohl der einzige gangbare Weg. Ruanda erhofft sich durch das *Gacaca*-Verfahren, dass die Gefängnisse bald leerer werden, weil geständige Völkermörder zum Beispiel sieben Jahre Haft bekommen und die meisten schon länger als die vorgesehene Strafe inhaftiert sind. Doch zum einen weigert sich die überwiegende Mehrheit, ein Geständnis abzulegen, zum anderen zeigt das Beispiel Rukatsa, dass auch das Gegenteil eintreten kann.

Filbert und Gason waren bis heute freie Männer, Filbert wurde erst vor ein paar Tagen angeklagt, weil er im Prozess gegen seinen Vater als Mittäter genannt wurde. Und auch bei den *Gacaca*-Gerichten im Rest des Landes zeigt sich, dass viele als Völkermörder erwähnt werden, die noch gar nicht im Gefängnis sind. Es kam auch schon vor, dass selbst *Gacaca*-Richter noch während eines Verfahrens festgenommen wurden, weil Zeugen sie belastet haben.

Durch die Einführung weiterer neuntausend Gras-Gerichte ist mit Zehntausenden, wenn nicht gar Hunderttausenden neuen Häftlingen zu rechnen, da sich auch heute noch zwischen hundert- und zweihunderttausend Täter auf freiem Fuß befinden sollen. Deshalb wird darüber nachgedacht, als Strafe Zwangsarbeit statt Haft einzuführen. Dies, so wird argumentiert, entspreche auch mehr der afrikanischen Tradition, Gefängnisse seien eine Erfindung der Kolonialmächte und trügen nichts zum Aufbau eines Landes bei.

Nach einer kurzen Beratung verkünden die Richter ihr Votum. Filbert, der den Jungen Nkwaya umgebracht haben soll, obwohl es keinen Zeugen für die Tat gibt, wird in die Kategorie »Völkermord« eingestuft, Gason dagegen nur in die Kategorie »Diebstahl« – der Bauer wird im schlimmsten Fall das Blechdach bezahlen müssen.

Sowohl das Publikum als auch die Angeklagten nehmen den Richterspruch schweigend auf. Gasons Vater, der die ganze Zeit alleine in einem Eck stand, verlässt den Hügel, er hat die gewünschte Wahrheit bekommen. Aber auch Filbert wird nicht verhaftet, obwohl das *Gacaca*-Gericht dazu berechtigt wäre. »Das alles sind falsche Beschuldigungen«, sagt er nach dem Richterspruch, »Sarafine lügt, zwischen ihrer und meiner Familie gibt es seit langem Streit.« Und was macht er jetzt, wo ihm doch im nächsten Prozess, beim Urteilsspruch, eine lebenslange Haftstrafe droht? »Nichts, ich gehe nach Hause und verhalte mich ruhig. Wenn ich fliehen würde, wären alle überzeugt, dass ich schuldig bin.«

SZ, *Seite Drei, 24.03.2004*

Helfen, wo sonst keiner hilft

Das ganz alltägliche Heldentum der Fliegenden Ärzte

Zähe Luft, Luft, so dick, so säuerlich und stickig, so voller Viren, Bakterien, Schweiß, Blut, Eiter und Fäulnis, dass man Mühe hat, sie einzuatmen. Und dann diese Prozession der Stummen, dieses Schweigen der Kranken, die seit zwölf Stunden ununterbrochen in den Untersuchungsraum humpeln und hinken, sich schleifen oder schleppen lassen oder auch getragen werden. Sie saßen und lagen tagelang vor dieser knarrenden Holztür, wortlos, voller Schmerzen. Nur das Knacken verbrennender Äste im Lagerfeuer ist draußen zu hören. Und nun, wenn die Wartenden endlich drinnen ankommen, in diesem winzigen, kargen Raum, verharren sie weiter mit nur wenigen Worten. John Wachira, der Arzt, gibt leise Anweisungen, flüstert kurze Befunde. Niemand schreit, niemand empört sich, wenn der Mediziner sagt: »Wir können dich nicht operieren, zu knapp ist die Zeit, wir haben dringendere Fälle.«

Es ist kurz vor Mitternacht, und fast könnte man erschöpft einschlafen, würde jetzt nicht dieses Mädchen gebracht. »Nein«, brüllt sie, »nein, nein, nein.« Sie presst sich beide Arme vor die Brust. »Nein«, schreit sie und strampelt sich von der Mutter frei, »nein, nein, nein.« Zwei Helfer halten sie fest und zerren ihre Hände hervor, Hände, die nicht mehr zu erkennen sind. Wie verwelkte Blüten sehen sie aus, wie ausgezehrte Blumen, die schlaff vom Stängel herabhängen. Und als ob sich auch der Körper dafür schämen würde, ist eine dicke, plastikartige Haut über Hände und Finger gewachsen, ein fleischiger Kokon, der verbergen soll, dass Reheme Hamisi vor fünf Jahren, im Alter von achtzehn Monaten, in eine Feuerstelle gefallen ist, in ihrem Dorf, als sie mit ihren Freunden gerade besonders ausgelassen spielte.

John Wachira hat als Arzt schon vieles gesehen. Er weiß auch, dass diejenigen mit den schwersten Verwundungen, den schwersten Krankheiten den Weg in das kleine Missionskrankenhaus in Makiungu gar nicht erst schaffen. Sie sterben in ihren Dörfern oder auf dem tagelangen Weg hierher, Menschen, die von Löwen oder Schlangen gebissen wurden, vom Baum fielen, sich den Schädel brachen oder die im Streit durch Macheten, Messer oder Pistolen verwundet wurden. Hier, im zentralen Hochland von Tansania, gibt es fast keine Straßen, auch keine Minibusse oder Autos; wer es durch die staubige Savanne nach Makiungu schafft, hat noch genügend Kraft zu überleben.

Aber der Anblick des Mädchens Reheme nimmt selbst den sechsundvierzigjährigen Kenianer mit. »Stellen Sie sich diesen Alptraum vor«, sagt Wachira am nächsten Morgen beim Frühstück, »allein die Monate nach dem Unfall, als jeden Tag der Verband gewechselt werden musste. Die Schmerzen sind kaum vorstellbar.« Und dass Reheme noch immer in Panik gerät, wenn jemand ihre Hände sehen will, das zeigt nur, so der Chirurg, wie traumatisiert das Mädchen ist. »Jeder erschrickt, wenn er ihre verkümmerten Pfoten sieht. Jeder betrachtet sie als Monster. Es muss die Hölle sein für die Kleine.« Natürlich wird er ihr helfen.

Dass John Wachira das Mädchen operiert, ist nicht selbstverständlich. Er ist ein »Flying Doctor«, ein »Fliegender Arzt«, der immer nur ein paar Tage Zeit hat. Vergangene Woche war er in Kenia, nun ist er in Tansania, nächste Woche wird er in Uganda sein – er fliegt jede Woche von seinem Wohnort Nakuru in Kenia aus in ein anderes abgelegenes Krankenhaus auf dem Land, in Gegenden also, wo es so gut wie keine medizinische Versorgung gibt. Drei Tage und einen Vormittag hat Wachira in Makiungu Zeit. Von den mehr als hundert gestern untersuchten Patienten müssten mindestens vierundvierzig so schnell wie möglich operiert werden, die zwanzig dringendsten Fälle hat er ausgesucht.

»Fliegende Ärzte« – da denkt man sofort an die berühmte Flotte in Ostafrika, an Mediziner in Kleinflugzeugen, die verletzte Touristen oder kranke Afrikaner in die Metropolen, nach Nairobi, Kampala oder Daressalam transportieren und dann oft weiter nach Europa oder Amerika. Dafür sind sie seit 1957 berühmt, seit diese Organisation der Luftrettung von Sir Michael Wood, einem Briten, gegründet wurde.

So ein Rettungsarzt war John Wachira auch einmal, er hat Patienten für die »Flying Doctors« evakuiert, den bekanntesten Zweig der African Medical and Research Foundation (Amref), der größten privaten Hilfsorganisation Afrikas. Doch nur wenige wissen, dass die Fliegenden Ärzte – so wie Wachira heute – auch kostenlos in Buschkrankenhäusern arbeiten und dort tagelang im Akkord operieren. Ohne diese Fachärzte sähe die medizinische Situation auf dem Land noch erbärmlicher aus, als sie ohnehin schon ist.

Natürlich kann man Zahlen bemühen. Zum Beispiel könnte man erwähnen, dass nach Berechnungen von Amref auf hunderttausend Menschen in Ostafrika acht Ärzte und zweiunddreißig Krankenschwestern kommen, in den USA sind es zweihundertfünfundvierzig Ärzte und achthundertachtundsiebzig Krankenschwestern. Oder dass pro Ostafrikaner weniger als drei Dollar im Jahr für dessen Gesundheit ausgegeben werden. Aber was sagen solche Statistiken, auch wenn sie schrecklich klingen? Sie können das, was man mit Doktor Wachira erlebt, nicht beschreiben.

Gestern hat er bis zwei Uhr morgens untersucht, heute steht er kurz vor acht Uhr im Operationssaal, einem kleinen, düsteren Raum, in dem eine umgebaute Toilettenschüssel als Waschbecken dient und die Operationslampe die einzige helle Beleuchtung ist. Der erste Patient ist eine Albinofrau. Schwarze Hörner wachsen aus ihren bleichen Wangen, das halbe linke Ohr hat der Krebs schon weggefressen, und so schneidet Wachira ein Geschwür nach dem anderen aus ihrem Gesicht. Immer wieder aber blickt er irritiert auf, weil einer der drei Assistenten erfolglos versucht, Fliegen, Mücken und andere Insekten im Operationssaal mit einer Klatsche zu erschlagen. Ein anderer Helfer beatmet die Frau mit einer handbetriebenen Luftpumpe.

Acht Operationen stehen heute auf dem Programm, bis zwei Uhr nachmittags schafft er zwei. Nachdem er die Frau behandelt hat, versucht er, einem sechs Monate alten Baby zu helfen. Es heißt Ally und hat das, was man verharmlosend eine Hasenscharte nennt. Der Oberkiefer des Mädchens ist zweimal gespalten, die Lippe einmal. Wenn diese nicht so schnell wie möglich zusammengenäht wird, so Wachira, hat das Kind keine Chance, jemals sprechen zu lernen. Doch der Eingriff dauert länger als erwartet, zu verformt ist der Kiefer, zu schwierig das Nähen – und außerdem fängt das Baby trotz Vollnarkose immer wieder an zu zappeln.

Draußen vor der Tür sitzt Allys Mutter Hawa Saidi. Zweimal wollte sie schon zu Dr. Wachira, denn er gilt als einer der besten Chirurgen. »Aber jeder will zu ihm, das spricht sich in jedem Dorf herum, wenn er kommt«, sagt die allein stehende Mutter von vier Kindern, zweimal musste sie schon vergeblich auf die Operation warten. Zwanzigtausend Tansania-Schilling fordert das katholische Missionskrankenhaus in Makiungu pauschal für eine Operation, damit kann zumindest ein Teil der Kosten gedeckt werden. Das sind rund zwanzig Euro, und es ist das billigste Angebot, das es hier gibt. In einem staatlichen Krankenhaus müssten die Patienten die zwei- oder dreifache Summe zahlen, und niemand kann garantieren, dass die Ärzte dort wirklich wissen, was sie tun. Fast kein Mediziner will in Tansania auf dem Land arbeiten, die meisten bleiben in den Städten oder gehen ins Ausland, wo sie oft ein höheres Gehalt bekommen. Aber selbst die vergleichsweise geringe Summe von zwanzigtausend Schilling ist ein Vermögen. Hier, im zentralen Hochland, liegt das jährliche Durchschnittseinkommen bei fünfzigtausend Schilling, fünfzig Euro. Allein Transport, Übernachtung und Essen kosten bereits fünf- bis zehntausend Schilling, ohne dass es eine Garantie für die Behandlung gibt. »Ich war schon zweimal hier, ich habe schon

Schulden von zwanzigtausend Schilling und jetzt muss ich auch noch die Operation bezahlen«, sagt Hawa Saidi, »ich weiß nicht, wie ich das machen soll.« Die Ernte ist in diesem Jahr extrem schlecht ausgefallen, es hat fast nicht geregnet, eine Bäuerin wie sie muss fünf, sechs Meter graben, um an salziges, bitteres Grundwasser zu gelangen. »Ich habe alles verkauft, selbst die letzten Kleider. Es hat trotzdem nicht gereicht.«

Natürlich schafft John Wachira die acht vorgesehenen Eingriffe an diesem Tag nicht, er entfernt noch ein Krebsgeschwür an der Blase, näht zwei weitere gespaltene Oberlippen zusammen, und dann, als es schon dunkel ist und er glaubt, nur noch eine kurze Operation machen zu müssen, dauert es sechs Stunden, bis der letzte, der sechste Patient aus dem Saal gerollt wird. Es ist ein achtzehnjähriger Junge, dem ein Tumor im Oberschenkel entfernt werden muss. Doch die Geschwulst ist größer als erwartet und die Wunde hört lange Zeit nicht auf zu bluten. Kurz vor ein Uhr ist Wachira fertig, am nächsten Morgen um acht Uhr steht er wieder im OP.

Je müder der Mann ist, desto länger dauern die Eingriffe, ab und zu ist er so erschöpft, dass er es nicht einmal bemerkt, wenn er seine Suppe mit der Gabel isst. An diesem Tag ist der dritte Patient das Mädchen Reheme. Wachira will ihre verbrannten Finger von den dicken Hautschichten befreien. Vier Stunden dauert die Operation an der rechten Hand. Er habe eine gute und eine schlechte Nachricht, sagt der Arzt nach dem Eingriff zur Mutter: »Sie wird die Finger ihrer rechten Hand wieder benutzen können, für die linke habe ich leider keine Zeit mehr. Bei den anderen

Patienten geht es um Leben oder Tod.« In ein paar Monaten sei er wieder hier, dann richte er die linke Hand. Die Mutter bedankt sich und sagt, sie wisse nicht, ob sie noch einmal Geld für einen Eingriff aufbringen könne.

Wie viele Doktoren permanent in Makiungu arbeiten, kann die Chefärztin Maria Borda nicht genau sagen. »Es kommt darauf an, wie Sie den Begriff Ärzte definieren«, sagt die Frau aus Malta. Es gebe außer ihr noch zwei weitere Weiße, die in Europa und den USA Medizin studiert hätten, und dann noch zwei, drei Tansanier, die als Ärzte von ihnen angelernt worden seien. Dieses Team behandelt mehr als zwanzigtausend Patienten im Jahr, und alle zwei Monate kommt noch ein Spezialist von Amref für ein paar Tage vorbei.

Ohne Fachmediziner wie Wachira könnten keine schwierigen Operationen gemacht werden, erzählt Cathrin O'Grady, eine Krankenschwester aus Irland, die seit Jahren im Missionshospital von Makiungu arbeitet. Sie kümmert sich um Aids-Kranke, und sie berichtet von einem dramatischen Anstieg der Neuinfektionen. Unterstützung vom Staat bekommt sie kaum. Zwar erhält die Regierung Tansanias Millionen an Entwicklungshilfe für das Gesundheitswesen, aber ein großer Teil des Geldes, so O'Grady, wird für Seminare und Fortbildung ausgegeben. »Wir bekommen keine Medikamente, keine Ärzte und fast kein Geld.« Dreihundert Dollar für drei Monate zahlt ihr die Regierung – »das ist ein Witz«. Jeder aber, der an einem dieser staatlichen Seminare teilnehme, bekomme fünfzehn Dollar am Tag, so genanntes Sitzungsgeld. »Damit bessert die Regierung die Gehälter der Staatsangestellten auf, den Kranken nützt das nichts.« Und dann sagt Cathrin O'Grady noch, was auch Wachira immer wieder so ähnlich formuliert: »Stellen Sie sich mal vor, was in diesem Land los wäre, wenn es die Missionskrankenhäuser, die Fliegenden Ärzte oder andere private Hilfsorganisationen nicht gäbe.«

Ein Pfleger stürmt durch den Aufenthaltsraum, hinein in den Operationssaal. Wachira müsse sich mit seinem Eingriff beeilen, es gebe einen Notfall, ruft er. Und schon wird Ibrahim hereingebracht, ein sechs Tage alter Säugling, der ohne Anus auf die Welt gekommen ist, er braucht dringend einen künstlichen Ausgang. Die Eltern sind mit ihm aus ihrem Dorf hierher gelaufen, nur im Hospital kann dem Jungen noch geholfen werden. Sein Bauch ist auf die doppelte Größe angeschwollen, die Beine sind abgemagert, die Arme dünn wie Äste und sein Kopf sieht aus wie der, den Edvard Munch gemalt hat in seinem Werk »Der Schrei«: Weite, aufgerissene Augen, ein riesiger Mund, hohe Wangenknochen, ein fast fleischloses Gesicht und eine Haut wie Pergamentpapier. Doch zum Schreien ist Ibrahim nicht mehr in der Lage, er wimmert nur. Wäre der Fliegende Arzt Wachira nicht zufällig im Hospital, wäre er nicht gerade fertig mit seiner Operation, könnte niemand das Baby behandeln. »Keiner von uns kann einen künstlichen Ausgang legen«, sagt Schwester O'Grady.

Am nächsten Morgen, dem letzten Tag seines Aufenthalts, ist Wachira, der sonst zwar freundlich, aber eher schweigsam ist, recht aufgekratzt. Die Operation des Babys ist gut verlaufen, nach vier Stunden war der künstliche Ausgang gelegt, das Kind erwachte aus der Vollnarkose. »Vielleicht hat es ja eine Chance«, sagt er. Und dann erzählt er sichtlich amüsiert, wie er vor ein paar Jahren in Somalia einem Milizenführer ebenfalls einen künstlichen Ausgang legte, weil dieser mehrere Bauchschüsse hatte. »Seine Kämpfer wollten mich fast umbringen, die bedrohten mich mit der Waffe und sagten, ich solle das wieder zumachen, das sei widerlich und unwürdig.« Natürlich hat Wachira sich geweigert, »das wäre sein Todesurteil gewesen«, und nach vierundzwanzig Stunden Drohungen, Verhandlungen, Beschwichtigungen durfte der Arzt abreisen – ohne den Milizenchef noch einmal zu operieren. »Der lebt heute noch, nur ich wäre damals fast umgekommen.«

An diesem Vormittag macht Wachira seinen letzten Eingriff, er entfernt einer Frau ein Krebsgeschwür aus der Brust, und dann steht die Abschlussvisite bei all den behandelten Patienten an. Er muss sich beeilen, um 13 Uhr holt ihn das Flugzeug ab, »wir müssen vor Einbruch der Dunkelheit in Nairobi landen«. Und auch, wenn er nur dreizehn statt zwanzig Operationen geschafft hat, an diesem Tag wird die Laune des Arztes noch besser. Reheme sitzt auf dem Schoß der Mutter und sie schreit zum ersten Mal nicht, als sie Wachira sieht. Sie zeigt ihm die eingebundene rechte Hand und die gestreckten Finger – und fast sieht es so aus, als ob sie ihn anlachen wollte.

SZ, Seite Drei, 10.10.2003

Mit dem Geldkoffer zum Präsidenten

In Kenia enthüllt ein Geschäftsmann, wie sich der frühere Staatschef Moi und sein Clan die Taschen füllten

Ein Popstar hätte vermutlich weniger Menschen in Bewegung gesetzt. Mehr als ein Dutzend schwer bewaffneter Polizisten eskortierten den Mann in das Kenyatta International Conference Centre im Herzen Nairobis, Tausende von Menschen drängelten und drückten, um einen Blick zu erhaschen, und dann, als seine Vorstellung begann, waren draußen vor dem Hochhaus Lautsprecher und Leinwände aufgestellt, weil es drinnen keinen einzigen freien Platz mehr gab. Bei seinen weiteren Auftritten gab es ähnliche Szenen. Dabei sieht Kamlesh Pattni wirklich nicht aus wie ein Star.

Er wirkt viel älter als neununddreißig Jahre, er trägt die meiste Zeit einen biederen blauen Anzug und eine goldene Krawatte und außerdem gelten auch in Kenia ein zurechtgestutzter Schnauzbart und eine streng nach hinten gekämmte Föhnfrisur als nicht mehr zeitgemäß. Das Verwunderlichste an diesen Massenszenen aber ist, dass Pattni ein mutmaßlicher Verbrecher ist. Ihm werden Mord, Urkundenfälschung und Bestechung vorgeworfen und deshalb sitzt er schon seit knapp zweihundert Tagen im Gefängnis. Trotzdem jubeln die Menschen, wenn sie ihn sehen. Und er lacht dann, winkt, scherzt, zitiert aus der Bibel und gibt gut gelaunt Interviews.

Um die fast schon hysterische Reaktion zu verstehen, muss man wissen, dass Kamlesh Mansukhlal Damji Pattni sehr viele Geheimnisse kennt und jahrelang den höchsten Schutz der ehemaligen Regierung Kenias unter Präsident Daniel arap Moi genoss. Nun packt er vor einer speziellen Untersuchungskommission aus. Sie soll im Auftrag der neuen kenianischen Regierung den größten Korruptionsskandal seit der Unabhängigkeit 1963 aufklären, heißt Goldenberg-Kommission und ist nach Pattnis Firma benannt. Der Mann ist somit die Schlüsselfigur in diesem gigantischen Betrug, der das Land nicht nur mehrere Hundert Millionen US-Dollar gekostet hat, er brachte Kenia auch an den Rand des Ruins. Außerdem ist der Skandal ein Musterbeispiel dafür, wie rücksichtslos afrikanische Herrscher ihre Staaten geplündert haben und wohl immer noch plündern. In diesem Fall Daniel arap Moi, der gerne »Moibutu« genannt wird, nach dem 1997 verstorbenen Herrscher Zaires, Mobutu Sese Seko, dem König der afrikanischen Diebe. Doch der Fall Goldenberg hat noch mehr zu bieten. Er könnte sogar die neue Regierung, die sich dem Kampf gegen die weit verbreitete Korruption verschrieben hat, in Existenznot bringen.

Der Aufstieg des Multimillionärs Pattni ist schnell erzählt. Er entstammt einer Hindu-Familie aus Mombasa, deren Vorfahren schon als Goldschmiede arbeiteten und vor vielen Generationen aus Asien nach Kenia eingewandert waren. Auch Pattni handelte nach seiner Rückkehr aus Deutschland, wo er studiert hatte, mit Gold, Diamanten und anderen Edelsteinen aus Ruanda, Burundi,

Tansania, Sudan und vor allem Zaire, dem heutigen Kongo.

Das Problem begann Ende der achtziger Jahre, als der Export offiziell von der autoritären Einparteienregierung Mois verboten worden war und die wertvolle Ware von Großhändlern außer Landes geschmuggelt wurde. Außerdem gab es einen von der Regierung festgesetzten Dollar-Wechselkurs für den kenianischen Schilling, der rund fünfzig Prozent unter der Schwarzmarktrate lag. So kam Pattni auf die Idee, Gold und Diamanten im Auftrag der Regierung zu exportieren, weil er, so sagte er es vor der Kommission, »Kenia glänzen lassen wollte wie einen goldenen Berg«. Deshalb der Name Goldenberg, eine Mischung aus einem englischen und einem deutschen Wort. Seinen Aussagen nach kam es 1990 zu folgendem Geschäft: Er garantierte der Regierung jährliche Mindesteinnahmen von fünfzig Millionen Dollar, wenn er für seinen Wechselkursverlust fünfunddreißig Prozent Entschädigung erhielte. Das schlug er dem damaligen Geheimdienstchef Mois, James Kanyotu, vor. Pattni bekam den Zuschlag für das Exportmonopol – zuvor aber musste er den Präsidenten besuchen, um das Geschäft zu besiegeln.

Allein die Schilderung dieses Treffens war die erste Bombe, die der Goldenberg-Mann vor der Kommission zündete: Der Geheimdienstchef habe gesagt, dass Pattni ein Geschenk für Moi mitbringen solle, das werde die Stimmung auflockern. Zunächst habe der damals Fünfundzwanzigjährige an einen goldenen Füllfederhalter oder eine goldene Krawattennadel gedacht, er habe ja keine Ahnung gehabt, was man einem Staatsoberhaupt beim ersten Besuch mitbringe. Doch der Geheimdienstchef habe gemeint, mindestens fünf Millionen kenianische Schilling seien eher angebracht – was damals hundertfünfzigtausend Dollar entsprach. Außerdem sei es hilfreich, wenn Moi fünfzig Prozent der Anteile an der Firma Goldenberg bekomme. Natürlich dürfe dies nicht offiziell in den Papieren stehen, habe der Geheimdienstchef gesagt, aber er selbst werde seinen Namen dafür hergeben.

Pattni kam also mit einer Aktentasche voller Geld, die er neben Mois Sofa am Boden stehen ließ, und der Präsident war sogleich bester Laune und gab ihm das Exportmonopol. Nun musste der damalige Finanzminister George Saitoti noch seinen Segen geben, aber, so der Geheimdienstchef, mit der Zustimmung Mois und einer Million Schilling für Saitoti sei das auch kein Problem. Der Finanzminister aber gab sich mit dem Geld nicht zufrieden, er wollte ebenfalls über einen Strohmann Anteile an Goldenberg haben, und ebenso die beiden Töchter des Präsidenten, June und Jeniffer Moi. Nur wussten die drei zu diesem Zeitpunkt noch nicht, dass der Staatschef selbst bereits zur Hälfte Inhaber der Exportfirma war.

Deshalb konnte Pattni den Druck am Anfang noch abwehren. Das aber sollte sich ändern. Schon nach kurzer Zeit verwandelte sich die Firma Goldenberg in den größten Selbstbedienungsladen, den Kenia je gesehen hat. Am Anfang gab es noch Gold- und Diamantenexporte, doch dann wurden fast nur noch gefälschte Zertifikate ausgestellt, sodass alle, die an Goldenberg beteiligt waren, die Wechselkursentschädigung bekamen, ohne irgendetwas auszuführen. Wie viel Geld unterschlagen wurde, ist bis heute nicht genau bekannt, die Schätzungen reichen bis zu einer Milliarde US-Dollar, und profitiert haben vermutlich neben Moi, dem Geheimdienstchef, dem Finanzminister und anderen engen Vertrauten auch vier Kinder des Staatschefs.

Der Schaden für das Land war nicht nur finanziell gewaltig. Als der Betrug bekannt wurde, suspendierten der Internationale Währungsfonds und die Weltbank ihre Hilfen für Kenia, ebenso zogen sich fast alle Geberländer zurück, und das wiederum hatte zur Folge, dass auch viele ausländische Firmen den ostafrikanischen Staat verließen. Dennoch wurde bis zum Machtwechsel im Dezember 2002 die Aufklärung des Falles Goldenberg verhindert, was Kenia – aufgrund der ausbleibenden Hilfe – an den Rand des Zusammenbruchs brachte. Ein Kronzeuge und Konkurrent Pattnis zum Beispiel wurde kurzerhand von der Staatssicherheit außer Landes gebracht, als dieser vor Gericht aussagen wollte.

Dass Pattni trotz seines denkbar schlechten Rufs als weitgehend glaubwürdig gilt, hängt nicht nur damit zusammen, dass seine Aussagen sehr detailliert und somit leicht nachprüfbar sind. Es kommt hinzu, dass schon andere Zeugen vor ihm den Skandal genauso schilderten. Außerdem hat er, nachdem er keinen Schutz mehr durch das alte Regime genießt, nichts mehr zu verlieren.

Doch Pattnis Ausführungen bringen nicht nur Moi und seine Clique in Bedrängnis, die allesamt ihre Unschuld beteuern, auch die jetzige Koalitionsregierung von Präsident Mwai Kibaki dürfte nicht glücklich über diesen Zeugen sein. Der ehemalige Finanzminister Saitoti zum Beispiel ist nun Erziehungsminister und von ihm wird neben der Verstrickung in den Goldenberg-Skandal auch gerne kolportiert, dass er in der Moi-Zeit schon mal sein Privatkonto angegeben hat, wenn es um internationale Finanzhilfen für Kenia ging. Und Pattni hat noch mehr Bomben zu bieten. Anfang 2004 wurde sein Haus durchsucht, dabei entdeckte man mehrere geheim aufgezeichnete Videobänder. Sie zeigen, wie er Bestechungsgelder verteilt. Da diese Videos für die Kommission nicht freigegeben werden, liegt für viele Kenianer die Vermutung nahe, dass auch eine ganze Reihe heutiger Regierungsmitglieder von Pattnis Zahlungen profitierten.

SZ, Seite Drei, 25.05.2004

Nachsatz

Alle Reportagen in diesem Buch sind in der *Süddeutschen Zeitung* erschienen, einige wurden aktualisiert, andere ergänzt. Zu großem Dank bin ich deshalb der *SZ*-Redaktion verpflichtet. Ich möchte aber neben den Kollegen und Freunden in München vor allem diejenigen hervorheben, die mich auf all meinen Reisen in Afrika aufgenommen haben und mir geduldig ihr Leben erklärten. Ohne sie gäbe es dieses Buch nicht.